Grzegorz Stanislaw Lydek

DIO E LA SUA MISERICORDIA

Grzegorz Stanislaw Lydek

DIO E LA SUA MISERICORDIA

COME TEMA DI TEOLOGIA SISTEMATICA

Edizioni Sant'Antonio

Cover image: www.ingimage.com

Publisher:
Edizioni Accademiche Italiane
is a trademark of
Dodo Books Indian Ocean Ltd. and OmniScriptum S.R.L publishing group

120 High Road, East Finchley, London, N2 9ED, United Kingdom
Str. Armeneasca 28/1, office 1, Chisinau MD-2012, Republic of Moldova, Europe
Printed at: see last page
ISBN: 978-613-8-39450-1

GREGORIO-GRZEGORZ ŁYDEK

DIO E LA SUA MISERICORDIA COME TEMA DI TEOLOGIA SISTEMATICA

PRESENTAZIONE

Cos'è la Divina Misericordia? Questa è senza dubbio una domanda a cui è molto difficile poter dare una risposta semplice e schematica. La Divina Misericordia trascende di per sé la capacità cognitiva dell'essere umano e rimane un concetto complesso da afferrare. Essa è indissolubilmente legata all'Amore di Dio verso la Sua creatura e rappresenta, contemporaneamente, una preziosa fonte di grazia, attraverso la quale passa inesorabilmente la salvezza di ciascun essere umano. È la strada che, se percorsa, conduce l'uomo a Dio.

Questa immensa, insondabile, incomprensibile fonte di grazia si manifesta attraverso Gesù Misericordioso. Un Gesù che ci chiede di abbandonarci e di affidarci a Lui, sempre e in tutto; un Gesù di una profonda bellezza che rappresenta la luce, la salvezza; un Gesù che ci dà un importante messaggio: "*L'umanità non troverà pace finché non si rivolgerà alla Mia Misericordia*" (F. Kowalska, *Diario*, n. 300).
Questo è un messaggio molto profondo che lascia ben intendere quanto sia fondamentale per l'intera umanità rivolgersi, con cuore sincero, alla Divina Misericordia. Questo è un invito esplicito che Gesù rivolge a ciascuno di noi. A mio avviso, un tale invito non può lasciarci indifferenti!

Gesù scelse suor Faustina Kowalska (1905-1938), una semplice, umile, mite e garbata suorina polacca, per divulgare nel mondo il messaggio della Divina Misericordia. Suor Faustina, oggi santa, raccolse le rivelazioni di Gesù Misericordioso nel suo Diario. In questa ardua missione, santa Faustina era affiancata dal suo padre spirituale, il beato don Michele Sopoćko (1888-1975), un teologo molto acuto, dall'acceso misticismo religioso e caratterizzato da una profonda fiducia in Dio. Come vedremo in questo libro, scritto da Don Gregorio Lydek, un diocesano che ha posto il tema della *Divina Misericordia* al centro della sua missione sacerdotale, Sopoćko, nonostante le numerose avversità, riuscì a portare nella Chiesa una profonda revisione teologica che pone la Divina Misericordia come un pilastro portante per la salvezza dell'umanità.

dott. Antonio Generoso

Introduzione

Don Michele Sopoćko[1], sacerdote impegnato nel cammino radicale di santità, essendo uno dei teologi più apprezzati dai sacerdoti, religiosi, professori e lettori polacchi degli anni 1935-1965, da studioso e ricercatore, conciliò sempre il vissuto ecclesiale con la ragione e con la fede.

Esaminando la teologia sistematica, desunta dalle opere scritte dal teologo polacco Sopoćko (1936-1962). Verranno presi in considerazione solo alcuni temi, in particolare i seguenti:

"La teologia di fine XIX e inizio XX secolo nell'ottica della manualistica"
"Il tema della misericordia nei manuali"
"L'esame della teologia di Sopoćko"
"La specificità e lo stile della teologia del beato"

Sin dall'inizio dobbiamo tener presente che il momento decisivo della vita di Michele Sopoćko fu l'anno 1933, quando incontrò per la prima volta santa Faustina Kowalska, appartenente alla Congregazione delle Suore della Madre di Dio della Misericordia. Anche se già molto prima di quest'incontro, era stato particolarmente colpito dalla verità sulla misericordia, non venne, però, stimolato fortemente ad intraprendere una possibile ricerca teologica. Quando diventò confessore e direttore spirituale di Kowalska, fu lui stesso a compiere il discernimento circa le

[1] Don dott. Michele Sopoćko nacque a Nowosady, nella circoscrizione di Vilna. Negli anni 1910-1914 studiò teologia all'Università di Vilna, poi a Varsavia, dove frequentò l'Istituto Pedagogico Superiore. Dopo aver conseguito il dottorato in teologia morale nel 1926, divenne padre spirituale nel seminario di Vilna. Fece la sua abilitazione nel 1934. Lavorò come professore di teologia pastorale alla Facoltà di Teologia dell'Università Stefano Bathory a Vilna e nel Seminario di Białystok (1928-1962). Negli anni 1918-1932 fu cappellano militare dell'Esercito Polacco a Varsavia e a Vilna. Don Michele Sopoćko nelle sue opere scientifiche pubblicate pose le basi teologiche per le nuove forme di culto della Divina Misericordia, che egli stesso divulgò assiduamente. Era impegnato anche in attività sociali. Era confessore di comunità religiose e laiche. Scrisse lettere di formazione per la prima comunità di suore e successivamente stese le costituzioni per la nuova congregazione, fondata in base alle riflessioni e proposte di suor Faustina. Compose preghiere alla Misericordia Divina basandosi sui suoi testi. Dopo la morte di suor Faustina, con la quale mantenne i contatti fino alla fine della sua vita, realizzò con fedeltà la missione. Nel Diario di santa Faustina è rimasta viva la testimonianza che rivela la bellezza della personalità e la ricchezza interiore di questo santo sacerdote. Il 28.09.2008 a Białystok in Polonia, la Chiesa ha proclamato Beato don Michele Sopoćko, padre spirituale di santa Faustina Kowalska: cf. H. CIERESZKO, Il cammino di santità di Don Michele Sopoćko, LEV, Città del Vaticano 2008, pp. 11-33.

visioni mistiche di suor Faustina. Il mistero di Dio misericordioso divenne l'idea-chiave della vita e della trattazione del teologo polacco: egli iniziò perciò la riflessione e la ricerca che lo condussero a conclusioni fondamentali sulla dottrina di Dio e sugli attributi[2] (proprietà) di Dio, nonché a riflessioni fondamentali dell'esistenza cristiana. Constatò che la misericordia occupava il posto centrale nella Sacra Scrittura; nella teologia sistematica, invece, il tema era trattato in modo poco comprensibile, presentato come una delle proprietà di Dio ed essendo una verità, senza un marcato approfondimento. Vorrei iniziare con la citazione di un testo di Sopoćko, che mi sembra particolarmente significativo, per la descrizione della sua difficoltà di comprendere in pienezza la verità sulla misericordia.

> «Esistono delle verità che si conoscono, spesso se ne sente parlare e se ne parla, ma esse non si capiscono. Così è stato con me, per quanto riguarda la verità sulla divina misericordia. Tante volte menzionavo questa verità nelle omelie, ci ho pensato durante i ritiri, la ripetevo nelle preghiere della Chiesa - particolarmente nei Salmi - ma non comprendevo il significato di questa verità né approfondivo il suo contenuto, cioè che essa è l'attributo più alto dell'opera di Dio all'esterno. Ci voleva alla fine una semplice religiosa, suor Faustina, della Congregazione della Beata Vergine Maria della Misericordia (Maddalene), la quale, guidata interiormente, me ne parlò, brevemente e spesso ripeteva il concetto della misericordia, stimolandomi così ad esaminare, studiare e a riflettere spesso su questa verità. All'inizio non

[2] Proseguendo la ricerca nel presente capitolo, è necessario spiegare cosa s'intende per attributi di Dio. Da una parte la mente umana, considerando le varie perfezioni delle creature, formula vari concetti che attribuisce a Dio analogicamente (Analogia) come per es. buono, giusto, onnipotente. D'altra parte la Rivelazione presenta molti nomi di Dio (il Creatore, il Santo, l'Eterno, ecc.). Per attributi intendiamo le proprietà attribuite a Dio nell'essere (attributi statici) e nell'operare (attributi dinamici). Tali attributi molteplici e diversi, a prima vista, si oppongono alla divina *semplicità* (questa voce) donde il dilemma: o gli attributi hanno un valore reale, ontologico, e allora Dio non è più semplice; o non hanno valore reale, e allora quasi tutta la Rivelazione e la Teologia sono un vano gioco di parole. Il problema consiste nel determinare la distinzione tra l'essenza e gli attributi e la distinzione tra gli attributi stessi. La distinzione si oppone all'identità e può essere reale o logica, secondo che due o più cose sono distinte per se stesse, ontologicamente (come per es. l'anima e il corpo o il corpo e una delle sue parti o la persona e le sue qualità); oppure due o più cose sono distinte solo nella nostra mente come concetti (per es. la stessa persona è considerata come medico, come artista e come cittadino. È realmente un solo soggetto, istinto logicamente in tre). La distinzione logica o di ragione può essere puramente tale come per es. quando indica la stessa persona con due nomi: Stanislao, Pietro; e allora si chiama *rationis ratiocinantis*. Ma essa, pur essendo logica, può avere un fondamento nella realtà ontologica e allora si dice *rationis ratiocinatae*; per es. tra il corpo vivente e la sua vita. In Dio, esclusa la distinzione reale (*Semplicità*), si vuole ammettere la distinzione logica con fondamento reale. Gli attributi divini sono logicamente distinti tra loro e dall'essenza, perché comportano concetti formalmente diversi, come giustizia e misericordia; ma non sono puri concetti, perché ad essi risponde una realtà vera, l'essenza infinita di Dio, che nella sua semplice attualità trascende il nostro intelletto finito e contiene in maniera eminente tutte le perfezioni significate da quegli attributi. Data la massima semplicità divina ogni attributo include gli altri: vedi P. PARENTE, A. PIOLANTI, S. GAROFALO, *Dizionario di Teologia dogmatica*, Studium, Roma 1957, pp. 123-145.

sapevo bene di che cosa si trattasse; ascoltavo, dubitavo, mi ponevo delle domande, facevo delle ricerche e mi consigliavo con altri. Soltanto qualche anno più tardi capii l'importanza di quest'opera, l'immensità di quest'idea e mi sono convinto io stesso dell'efficacia di quell'antico, quanto grande e vivificante culto, ma trascurato da chi richiedeva ai tempi nostri un rinnovamento (...). La fiducia nella misericordia di Dio, il divulgare il culto della misericordia e consacrare ad esso, senza alcun limite, tutti i miei pensieri, parole ed opere, senza l'ombra del rischio di cercare solo me stesso, sarà d'ora in poi un principio fondamentale della mia vita, con l'aiuto della medesima misericordia incommensurabile»[3].

Nel XX secolo il Nostro ha conosciuto due sistemi totalitari brutali, due guerre mondiali con 50-70 milioni di morti nella sola seconda. Tutto questo e molti altri eventi sono diventati per lui i "segni forti dei tempi". In una delle lettere scritte da Sopoćko alle suore della congregazione da lui fondata, durante il periodo in cui si nascondeva nella foresta a Czarny Bór, evitando l'arresto della Gestapo (1942), leggiamo:

«Care sorelle in Cristo, è ormai la seconda settimana che, per volontà di Dio, sono in solitudine in seno alla natura, da cui, come da un libro vivo, leggo e glorifico l'infinita misericordia di Dio. Contemporaneamente percorro col pensiero il paese intero immerso nel lutto, mi unisco a tutti i compatrioti sofferenti, dispersi in tutto il mondo e vedo in spirito come la misericordia del Signore scolpisca nelle loro anime le virtù eroiche necessarie all'espiazione e alla propiziazione, per implorare e ringraziare di tutto l'inesprimibile bontà divina, per ottenere nuove grazie e meriti futuri, per poter già "esaltare la misericordia di Dio in eterno»[4].

Le parole del teologo "clandestino" rivelano la profonda fiducia in Dio, l'impegno e il desiderio di meditare sull'infinita misericordia, ma anche la tristezza e la sofferenza per la guerra. Il livello di profonda fiducia, di contemplazione e di preghiera, però, rispecchia qualcosa di più. Il Nostro assume il ruolo del pensatore cosciente, che avverte la necessità di diffondere la verità sulla misericordia di Dio

---

[3] Cf. M. SOPOĆKO, *Miłosierdzie Boga w dziełach Jego* [*Misericordia di Dio nelle Sue opere*], vol. I, Kuria Metropolitalna Białostocka, Białystok 2008, pp. 5 - 16.
[4] Cf. M. SOPOĆKO, *La vita religiosa*, AZSJM, Gorzów Wilekopolski, 13. 03. 1942, p. 1.

e nello stesso tempo la preoccupazione per lo sviluppo di essa, attraverso la eroicità delle persone dedicate alla vita religiosa. L'incoraggiamento e la speranza, racchiuse in queste parole, in quel tempo terribile della guerra e della paura davanti alla società oppressa dai nazisti, hanno un valore profetico, perché credono in una futura rinascita dell'idea della misericordia, dell'interesse di conoscere Dio misericordioso, servirlo e lodarlo, seguendo la volontà di Cristo. Anzi Sopoćko ne era fermamente convinto:

> «Ogni grande idea si esprime solitamente con parole brevi, che diventano la parola d'ordine dei loro propugnatori. Anche l'idea della misericordia di Dio dovrebbe averne una, con la quale si possano riconoscere i suoi adoratori, un motto per i suoi apostoli, con il quale salutarsi ogni volta s'incontrano e nel quale si compendiano la profondità ed il programma dell'apostolato. Alla ricerca di tale parola d'ordine sono ricorso alla Sacra Scrittura, alla lettera di Dio per gli uomini - e vi ho trovato due espressioni molto adeguate e una di esse può essere da noi assunta come la parola d'ordine: *La misericordia di Dio per coloro che operano misericordia* - *La misericordia di Dio per coloro che confidano in Lui*. Tutte e due s'incontrano diverse volte nella Sacra Scrittura, letteralmente, oppure come un pensiero fondamentale delle pericopi più lunghe o più brevi. Mi sembra, perciò, che tutte e due siano adeguate, ma io propendo per la prima»[5].

Tuttavia, le parole del Nostro nascondono un'altra, più profonda preoccupazione. Egli temeva di non riuscire ad annunciare all'umanità tutto ciò che sentiva di dover rendere pubblico attraverso le sue opere scritte e la predicazione. Infatti, spesso trovava impedimenti o addirittura veniva perseguitato con una evidente ostilità verso i suoi scritti già pubblicati o verso quelli in preparazione. Ciò minacciava di oscurare la vera luce che illuminava ed animava le sue profonde riflessioni ed ispirazioni, cioè la visione originale della Chiesa e della missione di ogni cristiano. In pericolo, dunque, era ciò che il Nostro considerava con molta fermezza il suo compito vitale: spianare le strade per una futura e migliore conoscenza di Dio misericordioso. Le sue opere, gli articoli, il diario, le lettere ed ogni scritto, in particolare, ne erano un degno monumento ed una convincente espressione.

---

[5] Cf. M. SOPOĆKO, *Misericordia Dei confidentibus in Eum*, L. III, AZSJM, Gorzów Wilekopolski 1942, p. 1.

Cominciando il nostro lavoro, possiamo soffermarci a meditare sul suo silenzio, sull'ascolto della voce di Dio e chiederci: è possibile parlare oggi di Sopoćko come pioniere della teologia della misericordia, delle idee e dei suoi scritti, senza che essi vengano minacciati da interpretazioni tendenziose e dal rischio di slegarli dall'insieme della logica e dell'intenzione che muovono tutte le sue opere? È possibile leggere e interpretare le sue affermazioni per riconoscere il vero contenuto e il significato dei concetti che derivano dalle sue originali intuizioni? Come fare, in poche parole, per potersi avvicinare oggi a lui e al patrimonio del suo pensiero per riconoscere il vero volto delle sue idee?

Siamo convinti che a queste ed altre simili domande si possa dare un'unica risposta soddisfacente: per poter conoscere il teologo polacco bisogna interrogare direttamente lui stesso, in modo che solo lui possa parlare di sé. Chi lo legge, prima di interpretarlo, deve ascoltarlo per farsi suo amico. Per fare ciò occorre munirsi di pazienza per scoprire il suo punto di vista, essere umili e privi di ogni presunzione per conoscere la logica che anima il suo pensiero; solo così si potrà capire la sua attualità, la ricchezza intellettuale e spirituale, penetrare in ogni idea e nell'intera struttura del suo pensiero. Ce lo suggerisce Sopoćko stesso, in una introduzione all'idea sulle perfezioni divine:

> «Penetrando le cause prime ed i motivi dell'opera divina, vediamo la misericordia come fonte di ogni azione esteriore. Perché se qualcosa è dovuta alla creatura, è soltanto in virtù di un disegno precedente. Siccome non è possibile risalire in questo modo all'infinito, occorre soffermarsi su quello che dipende unicamente dalla volontà di Dio, quindi, dalla divina misericordia. In ogni opera di Dio, a seconda del nostro modo di vederla, è possibile vedere le perfezioni divine appena menzionate. Prendiamo l'esempio di Mosè che è stato salvato e messo in una cesta sulle acque del fiume Nilo. In generale, indipendentemente da qualsiasi circostanza, lo chiameremo frutto della bontà di Dio. Nella misura in cui facciamo notare il disinteresse di Dio che non aveva alcun bisogno di salvare il bambino e che il bambino non l'aveva meritato, sarà un'opera di generosità divina. Il fatto che Mosè sia stato salvato perché, per mezzo di lui, Dio aveva deciso di condurre gli Israeliti fuori dall'Egitto, sarà giustizia divina. Il vegliare sul bambino abbandonato nel fiume ed esposto a diversi pericoli,

sarà attribuito alla Divina Provvidenza. Infine, l'aver sollevato il bambino dalla miseria, dall'abbandono e da numerose mancanze, come anche il dono della perfezione sotto forma di condizioni adeguate di vita, crescita, educazione, istruzione, sarà opera della divina misericordia. Siccome in ogni momento, citato in quest'esempio, ci colpiscono la miseria del bambino e le diverse mancanze, possiamo dire che la bontà divina è misericordia che crea e dona; la generosità divina è misericordia che colma di doni in abbondanza senza alcun merito da parte nostra; la provvidenza divina è misericordia che veglia; la giustizia divina è misericordia che premia al di sopra dei meriti e punisce al di sotto delle colpe commesse; infine l'amore divino è misericordia che ha pietà della miseria umana e ci attira a Sé. In altre parole, la misericordia divina è il movente principale dell'azione divina all'esterno e quindi si trova alla fonte di ogni opera del Creatore»[6].

Dunque, prima di tutto bisognerà seguire il pensatore, il discepolo della divina misericordia, credere in ciò che egli dice di sé, scrive e ripresenta come annuncio coraggioso, percorrendo e cercando di formulare quello che egli stesso non è riuscito, oppure non riteneva necessario condurre a formulazione definitiva.

[6] M. SOPOĆKO, *Miłosierdzie Boga w dziełach Jego*, vol. I, cit., pp.15-16.

1. LA TEOLOGIA DI FINE XIX E INIZIO XX SECOLO DELL'IMPOSTAZIONE DELLA MANUALISTICA

Prima di procedere nell'argomentazione, va fatta subito una premessa. La teologia di Sopoćko porta in sé un certo condizionamento provocato dal modello e dallo stile del manuale, soprattutto dal metodo utilizzato nell'elaborazione teologica. Nei suoi saggi il Nostro ha voluto mettere in risalto la misericordia quale tema centrale per la teologia del XX secolo. Il discorso su Dio, infatti, che rende razionalmente conto della fede in Lui, significa riflettere in modo del tutto nuovo sull'importanza centrale del messaggio della misericordia di Dio, attinto dalla testimonianza della Sacra Scrittura. Egli era fermamente convinto che non si poteva trascurare il tema della misericordia nella teologia. Per poter comprendere gli sforzi di Sopoćko, occorre una breve introduzione sul livello raggiunto dagli studi teologici e sul pensiero della manualistica di fine XIX e inizio XX secolo.

La teologia classica del XIX secolo, di derivazione medioevale, doveva fare i conti con il radicale mutamento economico e sociale, che stava portando l'Occidente verso la modernità. L'aumento generale del tenore di vita e l'atteggiamento scientifico nuovo sono eventi così eclatanti che finiscono per generare strappi anche nel modo di intendere il rapporto con il divino. Il protestantesimo definiva la teologia "liberale", in quanto essa affermava da un lato il valore supremo della fede cristiana, dall'altro portava i valori del liberalismo ottocentesco. Secondo questa corrente teologica, la fede, in quanto sentimento che si pone a fondamento e opera una congiunzione tra i diversi aspetti della cultura occidentale, è garante di quei valori di libertà fatti propri dal pensiero liberale. I suoi maggiori esponenti sono Albrecht Ritschl, Adolf von Harnack e Ernst Troeltsch[7].

Il modernismo, in ambito cattolico, è stato, senza dubbio, un momento assai confuso di crisi, che ha investito tanto la teologia quanto l'esperienza della fede,

---

[7] T. MEIMARIS, *Thirty years of the international theological dialogue*, in *Nicolaus - Rivista di Teologia Ecumenica – Patristica*, Facoltà Teologica Pugliese - Istituto di teologia ecumenica - patristica, Anno XL, 2013 Bari, pp. 161-162.

nell'arco di tempo che si estende tra il primo e il secondo decennio del secolo XX.[8] Tanto è vero che Sopoćko affronta quest'argomento, come vedremo più avanti, sin dalla prima pagina del trattato sistematico *De misericordia Dei*, introducendo il tema della misericordia come una risposta all'esigenza dell'uomo contemporaneo[9].

Per rispondere al modernismo, la Chiesa Cattolica aveva proposto di riscoprire il pensiero tomista, aperto comunque alla riflessione contemporanea. Le indicazioni contenute nell'enciclica *Qui pluribus* (1846) di Pio IX e nella costituzione *Dei Filius* del Concilio Vaticano I (1870), la rivalutazione della filosofia tomista operata qualche anno più tardi dall'*Aeterni Patris* (1879) di Leone XIII, e infine gli interventi disciplinari e dottrinali, diretti contro il modernismo, venivano tradotti dall'apologetica d'ispirazione neoscolastica, secondo un programma che avrebbe dovuto elaborare una trattazione della credibilità, centrandola sulla proposta di una *analysis fidei* e su una sistematica filosofico - razionale delle *rationes credibilitatis*[10]. All'interno di una più estesa trattazione della credibilità e della fede, basandosi sul versetto paolino della convenienza di un culto a Dio "secondo ragione" (*Rm* 12,1)[11], l'enciclica *Qui pluribus* afferma che esistono "molti ammirevoli e luminosi argomenti (*argumenta*) in base ai quali la ragione umana deve essere perfettamente convinta che la religione di Cristo è divina"[12]. Qualche anno più tardi, la costituzione *Dei Filius* ha parlato esplicitamente di "segni" (*signa*) della credibilità e della divinità

---

[8] Cf. P. SGUAZZARDO, *Sant'Agostino e la teologia trinitaria del XX secolo*, Città Nuova, Roma 2006, p. 74.

[9] Cf. M. SOPOĆKO, *De misericordia Dei deque eiusdem festo istituendo, Tractatus dogmaticus ac liturgicus*, Wyd. Studiów Teologicznych, Vlinea 1941, p. 3.

[10] Allo scopo di comprendere lo stile della dimensione apologetica nella teologia del XIX secolo, è necessario richiamare brevemente la trattazione razionale neoscolastica della credibilità. Questa soleva iniziare esponendo il contenuto dei *praeambula fidei*, verità religiose e morali che potevano essere conosciute dalla ragione naturale senza alcun contributo della Rivelazione, verità di ragione che non causavano la fede, ma la preparavano e ne erano, appunto, come i preamboli. Si procedeva quindi con la discussione delle *rationes credibilitatis*, ovvero quei motivi che rendevano possibile credere, facendone un atto ragionevole; R. FISICHELLA, *Credibilità*, in *Dizionario di Teologia Fondamentale*, LATOURELLE R. e FISICHELLA R. (a cura di), Cittadella, Assisi 1990, pp. 212-230. Fra i riferimenti classici per l'impostazione neoscolastica: A. GARDEIL, *Crédibilité*, in "Dictionnaire de théologie catholique", vol. III, pp. 2001-2310; GARRIGOU-LAGRANGE, *De Revelatione*, pp. 515-556; S. TROMP, *De Revelatione Christiana*, Pontificia Università Gregoriana, Roma 1945, pp. 61-106. Per una disamina storica delle problematiche coinvolte, R. AUBERT, *Le problème de l'acte de foi. Données traditionelles et résultats de controverses récents*, Warny, Louvaine 1950 e, più sinteticamente, ID., *Questioni attuali attorno all'atto di fede*, in *Problemi e orientamenti di Teologia Dommatica*, Marzorati, Milano 1957, vol. II, pp. 655-708. Sulla problematicità dell'*analysis fidei*, come impostata dalla neoscolastica, e sulle differenze rispetto all'originaria visione medievale: G. COLOMBO, *Grazia e libertà nell'atto di fede*, in R. FISICHELLA, *Noi crediamo. Per una teologia dell'atto di fede*, Dehoniane, Roma 1993, pp. 39-57.

[11] Vedi F. ARDUSSO, *Fede (atto di)*, in *Dizionario Teologico Interdisciplinare*, vol. II, Marietti, Torino 1977, pp. 176-192.

[12] PIO IX, *Lettera Enciclica - Qui pluribus*, L.E.V. Città del Vaticano 1946.

della Rivelazione (non di *rationes*, come ha fatto invece la manualistica successiva), riconducendoli sostanzialmente a tre: i miracoli, le profezie e la Chiesa[13].

Va ricordato anche che la concezione della fede, elaborata dall'apologetica[14] e dalla specificità del collocamento del tema della fede all'interno dello schema delle *demonstrationes*, ebbero il loro punto di riferimento d'indubbia autorità nella *Dei Filius*, costituzione sulla fede cattolica del Concilio Vaticano I[15]. Questa prospettiva della *Dei Filius*, destinata ad avere grande influenza sul pensiero della manualistica neoscolastica, (molto schiva) fu quella che i miracoli e le profezie venivano lì qualificati come "segni certissimi della divina Rivelazione, adatti alla ragione e all'intelligenza di tutti (*signa certissima et omnium intelligentia accomodata*)"[16]. Un canone doveva ribadire che non è possibile negare l'esistenza di segni esteriori - la cui origine, cioè, rimanda al di là dell'esperienza interiore del soggetto - né affermare che gli uomini debbano essere mossi alla fede nella Rivelazione, esclusivamente sulla scorta di fattori interiori o di rivelazioni private[17]. Sebbene buona parte dei "segni" indicati negli interventi del Magistero fossero di per sé indissociabili dalla Rivelazione, non vi è dubbio che la metodologia, in seguito adottata dai manuali[18], doveva essere debitrice alla filosofia più che alla teologia, in quanto l'analisi razionale si giovava soprattutto del contributo di argomenti storico-empirici e della logica dell'inferenza.

Nel 1950, Papa Pio XII, con l'enciclica *Humani generis* avvertiva che occorreva porre un argine alla tendenza della filosofia contemporanea. Dunque

---

[13] Cf. CONCILIO VATICANO I, *Costituzione dogmatica - Dei Filius*, 24 aprile 1870, DH 3009 e 3012.

[14] Le linee essenziali che hanno guidato il passaggio dall'Apologetica cattolica alla Teologia fondamentale possono rintracciarsi, ad. es., in H. BOUILLARD, *De l'apologétique à la théologie fondamental*, in *Le Quatre Fleuves* 1 (1973), pp. 23-31; C. COLOMBO, *Dall'apologetica alla Teologia fondamentale*, in *Teologia* 6 (1981), pp. 232-242; R. LATOURELLE, *Nuova immagine della Teologia Fondamentale*, in *Problemi e prospettive di teologia fondamentale*, a cura di R. Latourelle e G. O'Collins, Queriniana, Brescia 1982, pp. 59-84; D. TRACY, *Necessità e insufficienza della Fondamentale*, in *ibid.*, pp. 41-58; R. LATOURELLE, *Teologia Fondamentale: storia e specificità*, in *Dizionario di Teologia Fondamentale*, a cura di R. Latourelle e R. Fisichella, Cittadella Assisi 1990, pp. 1248-1257; G. LORIZIO *Teologia Fondamentale*, in *La teologia del XX secolo: un bilancio*, a cura di G. CANOBBIO, P CODA , Città Nuova, Roma 2003, vol. I, 391-499; P. SGUAZZARDO, *Storia della teologia fondamentale*, in *Teologia Fondamentale*, a cura di G. LORIZIO, vol. I, Città Nuova, Roma 2005, pp. 237-339.

[15] Cf. L. ŽÁK, *La riflessione sulla fede nella teologia fondamentale*, in "Lateranum" 78 (2007), pp. 56-57.

[16] DH 3009.

[17] DH 3033.

[18] Va certamente riconosciuto all'apologetica della prima metà del Novecento di non avere mai proposto le verità di ragione come "motivi della fede", bensì come "motivi della credibilità della fede".

il neotomismo si prefiggeva di riprendere e rivalutare il sistema filosofico di Tommaso d'Aquino e farne oggetto di riflessione applicata alle tematiche moderne. Viene quindi riproposto il progetto di giustificare le verità di fede per mezzo della ragione e dare nuovo vigore alla metafisica, svalutata non solo dalla scienza, ma anche dai movimenti modernisti. Tra i molti pensatori che si possono inserire in questa importante corrente di pensiero, vanno ricordati Jacque Maritain (1882-1973) e Gustavo Bontadini (1903-1990).

Negli anni 1950 - 60' il pensiero della dottrina cristiana e della teologia era esposto in un linguaggio comprensibile a tutti, generalmente in forma dialogica. Esso, attingendo dalle due Fonti della Rivelazione (S. Scrittura e Tradizione) contiene, in modo succinto ed organizzato, l'insegnamento della Chiesa che viene diviso in tre parti:

a) verità per il credente (dogma)
b) doveri da comprendere (morale)
c) mezzi da usare (sacramenti e orazione)

La teologia dogmatica, infatti, studiava le verità rivelate da Dio e proposte dalla Chiesa alla fede dei cristiani. La teologia morale, invece, ricorrendo spesso al termine precetto, studiava le norme della vita cristiana per il raggiungimento del nostro fine ultimo[19].

[19] Cf. B. BARTMAN, *Teologia dogmatica*, Roma 1949, pp. 123-124.

1.1 ALCUNE NOTE SULLO SVILUPPO DI UN MODELLO TEOLOGICO

1.1.1 IL MANUALE IN GENERALE

Il modello della "teologia manualistica" e il metodo "positivo - scolastico", che ne sta alla base, nel corso dei secoli subirono alcune modifiche. Da questo punto di vista sono almeno tre i mutamenti che dovrebbero essere individuati e sottolineati.

a) In primo luogo, il manuale, sotto il profilo storico - culturale[20], si adatterà sempre più ad essere un riferimento per i sacerdoti che insegnano la teologia[21] nei Seminari e nelle scuole di formazione al ministero pastorale[22]. Se è vero, infatti, che l'ispirazione dominante dei manuali si articola fondamentalmente secondo due linee di sviluppo, l'*apologetica* attenta a dimostrare il fatto cristiano e la *dogmatica* orientata ad esporre i contenuti della fede, in realtà entrambe queste linee saranno costruite sull'esigenza di insegnare un metodo e di fornire dei contenuti adeguati ai pastori d'anime per un'efficace difesa della fede. Di conseguenza, resta evidente, per quanto fin qui detto, circa questa evoluzione interna del manuale, che esso sempre più sarà uno strumento pensato per la formazione teologica, spirituale e pastorale del clero, ma non avrà alcun impatto nell'evoluzione del pensiero teologico, che avverrà solamente nell'ambito accademico delle università[23].

b) Un secondo e più decisivo mutamento nel corso dell'evoluzione del manuale da Melchior Cano all'epoca precedente il Vaticano II, è quello che riguarda più da

---

[20] P. SGUAZZARDO, *L'unione ipostatica nel contesto della cristologia del manuale. Alcune considerazioni sul modello della cristologia del manuale e sui suoi limiti*, in *Lateranum* 78 (2012), p. 612.

[21]Infatti, quello che viene richiesto a tale strumento è fornire un compendio agile e sintetico della riflessione teologica, capace di trasmettere al clero tutte quelle nozioni necessarie per la predicazione, l'amministrazione dei sacramenti e la catechesi. In questo modo, però, si favoriscono almeno due conseguenze che sono a discapito del manuale stesso. Intanto, la sintesi del trattato di teologia è tale per cui essa viene intesa non nel senso dello sviluppo pastorale delle intrinseche doti della teologia, ma nel senso di una attrazione riduttiva: L. SERENTHÀ, *La teologia delle prefazioni. Appunti per una storia del manuale*, p. 230; C. VAGAGGINI, *Teologia*, pp. 1629-1630. In altre parole, il manuale non sosterrà l'elaborazione di una sintesi creativa e speculativamente originale dei temi trattati, ma, nel corso del tempo, tenderà sostanzialmente alla ripetizione uniforme e quasi monotona di questi stessi temi. Inoltre, a seguito della "forte contestazione della riforma protestante e delle correnti del pensiero razionalista, agnostico e positivista, sviluppatesi nella cultura moderna";[21] G. POZZO, *La manualistica*, in E. DAL COVOLO - G. OCCHIPINITI - R. FISICHELLA *Storia della Teologia*, vol. III, EDB, Bologna 1996, p. 314.

[22] Cf. L. SERENTHÀ, *La teologia delle prefazioni. Appunti per una storia del manuale*, pp. 230-231; G. POZZO, *La manualistica*, p. 314.

[23] Cf. P. SGUAZZARDO, *L'unione ipostatica nel contesto della cristologia del manuale*, p. 613.

vicino il rapporto tra il momento positivo e quello speculativo della teologia. Considerando, infatti, il manuale fin dalla sua comparsa, si può immediatamente notare il peso e la rilevanza assunta dal momento più propriamente positivo rispetto a quello speculativo[24].

c) Infine, il mutamento più rilevante, che la teologia manualista subisce nel corso della sua evoluzione, riguarda il rapporto tra la Scrittura, la Tradizione e il Magistero nella determinazione dell'oggetto della fede. Infatti, nella prima fase della manualistica, l'argomento di fede che s'intende discutere viene formalizzato nella tesi[25] e quindi è dalle due *auctoritates* della Scrittura e della Tradizione che si traggono gli elementi necessari per la sua esposizione. Il Magistero, nelle sue diverse declinazioni, interviene in un secondo momento, con lo scopo di evidenziare il grado di certezza delle tesi e la loro appartenenza alla fede cattolica[26].

Tra la fine del XIX e l'inizio del XX secolo, tale schema, però, subisce una significativa trasformazione: l'oggetto della fede, formalizzato nella tesi, non viene più tratto dalla Scrittura e dalla Tradizione, ma viene direttamente derivato dalle asserzioni del Magistero, dapprima utilizzando varie collezioni di insegnamenti dei pontefici e dei concili e poi, alla sua comparsa, servendosi unicamente degli enunciati ricavati dal testo del Denzinger e dando così origine alla cosiddetta *Denzinger-Theologie*[27].

Anche in questo caso, le conseguenze che si possono evidenziare sono almeno tre e la loro importanza sarà decisiva per la storia del manuale. Intanto è chiaro che il ruolo del Magistero diviene preponderante se non addirittura unico, mentre, correlativamente, la teologia sarà rivolta in maniera quasi esclusiva al servizio del

---

[24] A. DUVAL, *Cano (Melchior)*, in *Catholicisme*. Hier, aujourd'hui, demain, p. 1: G. H. BAUDRY, G. MATHON (edd.), Latourey et Ané, Paris 1948, pp. 465-467.

[25] Il passaggio dalla *quaestio* alla *thesis* si caratterizza per essere uno degli elementi significativi del mutamento di prospettiva che avviene a seguito dell'adozione della teologia del manuale. Infatti, se la *quaestio* orientava il discorso alla ricerca e alla soluzione dei problemi posti dalla riflessione teologica, la *thesis*, invece, assolverà sempre più al compito apologetico che la manualistica s'impone: difendere le verità espresse dalle *auctoritates* della Scrittura e della Tradizione prima, e del Magistero poi cf. C. VAGAGGINI, *Teologia*, p. 1629; P. CODA, *Teo-Logia*, p. 139.

[26] Cf. G. POZZO, *La manualistica*, p. 312.

[27] Heinrich Denzinger (1819 - 1883) fu professore di teologia a Würzburg. Qui, nel 1854, pubblicò la prima edizione del suo *Enchiridion symbolorum, definitionum et declarationum de rebus fidei et morum*, successivamente affiancato nel compito di aggiornamento da A. Schönmetzer. L'opera, innegabilmente utile, non contestualizza sotto il profilo critico i diversi asserti e pone sullo stesso piano enunciati diversi, senza una attenta valutazione ermeneutica. La definizione, invece, di "*Denzinger - Theologie*" è da ascriversi a K. Rahner che più volte la menziona nei suoi saggi.

Magistero[28]. Infatti, seguendo quest'ordine di sviluppo, "la teologia finirà per privilegiare quasi esclusivamente uno solo dei suoi tanti compiti, quello cioè di provare il dogma: impiegherà la forza speculativa, rimessa in onore dal manuale, per difendere i pronunciamenti del Magistero"[29].

Tra il XIX e il XX secolo[30], ciò che si nota è la riproposizione di uno stesso schema di fondo che domina tutti i trattati relativi ad una medesima tematica teologica. Evidentemente, una tale situazione è determinata da quanto fin qui esposto: se unico è l'orientamento di fondo di queste opere, e cioè la teologia del Magistero, difficilmente si potrà pensare ad una diversificata produzione teologica e ad una incentivazione della ricerca. Tuttavia, ciò non deve dar luogo ad affrettate conclusioni e a giudizi troppo severi nei confronti del manuale, in quanto sarà proprio questa situazione di stasi che incentiverà il radicale cambiamento di questa prospettiva già durante la celebrazione del Concilio Vaticano II[31].

Concludendo, si può dire che il travaglio che la teologia sistematica ha vissuto nel XX secolo si compendia nel trapasso dal "modello neoscolastico e "dogmatico" a nuove forme" del sapere teologico, ispirate a un più positivo incontro tra "verità rivelata", "razionalità metafisica", istanze "storico - ermeneutiche", forme "simboliche" della conoscenza, incidenze della "prassi"[32].

1.1.2 IL MANUALE IN CHIAVE DOGMATICA

Nei manuali dogmatici tradizionali, la misericordia di Dio è trattata come una delle proprietà di Dio tra le altre e, il più delle volte, solo brevemente dopo le altre proprietà, che derivano, come concetto, dalla comprensione di Dio metafisica

[28] P. SGUAZZARDO, *L'unione ipostatica nel contesto della cristologia del manuale. Alcune considerazioni sul modello della cristologia del manuale e sui suoi limiti*, in *Lateranum* 78 (2012), pp. 613-615.

[29] L. SERENTHÀ, *La teologia delle prefazioni. Appunti per una storia del manuale*, pp. 241-242.

[30] I più significativi e paradigmatici esempi di manuale sono analizzati nell'articolo di L. SERENTHÀ, *La teologia delle prefazioni. Appunti per una storia del manuale*, pp. 236-255.

[31] Cf. P. SGUAZZARDO, *Sant'Agostino e la teologia trinitaria del XX secolo*, pp. 80-95.

[32] Cf. M. BORDONI, *Cristologia: lettura sistematica*, in CANOBBIO G., CODA P., *La teologia del XX secolo - un bilancio. 2. Prospettive sistematiche*, Città Nuova, Roma 2003, pp. 5-6.

dall'essenza di Dio[33]. Per esempio nel terzo capitolo - sottotitolo "*De Merito*" del manuale di Adolf Tanquerey: *Synopsis Theologiae Dogmaticae*, troviamo un breve accenno alla misericordia: *Vita aeterna datur ex misericordia qui coronat te in misericordia* (La vita eterna è data dalla misericordia che ti incorona di misericordia),[34] collegato al discorso sulla giustizia. L'articolo *De existentia meriti* inizia dalla presentazione degli *errores* nell'insegnamento di Martin Lutero e dalla *thesis: Justa bona opera, debitis vestita conditionibus, vere merentur augmentum gratiae et vitam aeternam* (Le opere buone giuste, rivestite delle dovute condizioni, meritano in verità l'aumento della grazia e la vita eterna)[35]. Più avanti, nella questione sottotitolo: *De amore beatifico*, la misericordia è presentata come una delle perfezioni di Dio, con un richiamo all'insegnamento di san Paolo e di sant'Agostino (una pagina sola)[36]. In un'altra parte del manuale si parla di una sola visione di Dio (*sola visione Dei*) come *Summi Boni* la quale è la prima sostanza: *Dicunt amorem pertinere quidem ad statum beatitudinis, non autem ad eius essentiam* (Dicono che l'amore appartiene certamente allo stato di beatitudine, non al contrario alla sua essenza)[37]. Nella questione sottotitolo: *De purgatorio*, invece, troviamo appena due righe sulla bontà di Dio con una breve presentazione della dottrina di san Tommaso[38].

Ott, invece, nel suo compendio dogmatico, introducendo il tema della misericordia, lo colloca tra gli attributi di Dio in generale, dove afferma che essi sono perfezioni di Dio, derivanti dall'essenza metafisica di Dio (6 righe)[39]. Poi, sotto la questione *de Fide*, continua a dimostrare la distinzione tra gli attributi e l'essenza di Dio, che per lui sono identici tra di loro e connaturati all'essenza divina. Egli sviluppa l'argomento, richiamando la Sacra Scrittura, i vari concili, le eresie, la dottrina di sant'Agostino e di san Tommaso (2 pagine e mezza). Nel capitolo primo, parlando de *gli attributi dell'essere divino*, richiama l'insegnamento del Concilio

[33] Cf. W. KASPER, *Misericordia - Concetto fondamentale del vangelo - Chiave della vita cristiana*, Ed. Queriniana, Brescia 2013, p. 20.
[34] Cf. A. TANQUEREY, *Synopsis Theologiae Dogmaticae - De Deo Sanctificante et Remuneratore seu de Gratia, de Sacramentis et de* Novissimi, vol. III, Desclée, Paris 1929, p. 198.
[35] *Ibid.*, cit., p. 195.
[36] *Ibid.*, cit., p. 784.
[37] *Ibid.*, cit., p. 786.
[38] Cf. *ibid.*, p. 796.
[39] Cf. L. OTT, *Compendio di Teologia Dogmatica*, Ed. Herder, Roma 1954, p. 50.

Vaticano I, secondo cui, Dio è infinito in ogni perfezione (*omni perfectione infinitus*); e la Bibbia parla in modo indiretto della perfezione assoluta di Dio, quando mette in risalto l'autosufficienza e l'indipendenza di Dio nel confronto con tutti gli altri esseri (10 righe)[40]. Intorno alla tematica della bontà di Dio, sviluppa il discorso come il vero ontologico che è l'ente in relazione all'intelletto, cioè in quanto conoscibile, così il bene ontologico è l'ente in relazione alla volontà (cioè in quanto appetibile: *bonum est ens in quantum est appetibile*)[41]. La misericordia per Ludovico Ott è la benevola bontà in quanto soccorre alla miseria delle creature, specialmente a quella del peccato. Ed è interessante il discorso che dedica al Dio infinitamente misericordioso *De fide*, dove inserisce la misericordia tra le proprietà morali della volontà di Dio (quasi una pagina)[42].

> «A Dio, Essere perfettissimo, si deve attribuire non il sentire compassione - Dio non può soffrire - ma soltanto l'effetto della misericordia, ossia l'eliminazione della miseria. La misericordia si deve attribuire soprattutto a Dio, tuttavia secondo l'effetto, non secondo la predisposizione della passione»[43].

Ott segue l'operazione della congiunzione in Dio della misericordia e della giustizia come mirabile armonia. Afferma che *misericordia et veritas* sono per coloro che osservano il patto e gli ordini di Dio. La giustizia divina (chiamata da lui distributiva) è radicata nella misericordia, perché é il motivo più profondo per cui Dio elargisce alle creature doni naturali e soprannaturali e ne remunera le opere buone della giustizia e della misericordia. Dio, infatti, ripaga oltre il merito e punisce meno del debito (appena una pagina)[44]. Un'altra argomentazione, secondo la quale la misericordia non è solamente espressione dell'amore e della bontà di Dio, ma anche la manifestazione della sua maestà e potenza, occupa 11 righe[45].

---

[40] Cf. *ibid.*, pp. 53-54.
[41] *Ibid.*, cit., p. 61.
[42] Cf. *ibid.*, pp. 82-83.
[43] *Ibid.*, cit., p. 85.
[44] Cf. *ibid.*, pp. 86-87.
[45] Cf. *ibid.*, p. 87.

Sfogliando un altro manuale di dogmatica, scritto nella lingua polacca di M. Sieniatycki, nel primo volume troviamo appena una pagina dedicata al tema misericordia, partendo dalla tesi che: "Dio è misericordioso". La misericordia, però, viene presentata come una delle virtù di Dio, escludendo la possibilità della tristezza o sofferenza in Dio. Solo "la volontà attiva" di Dio vorrebbe togliere la miseria dagli uomini e rivelare il cuore misericordioso di Dio: *misericors dicitur aliquis quasi habens miserum cor.*[46] Nel secondo, invece, sotto il titolo "la questione della provvidenza divina e il male nel mondo," troviamo soltanto un accenno alla bontà di Dio collegata al tema della provvidenza tratto dalla dottrina di san Tommaso (1. q. 22. a. 2. ad 2.). Nel discorso sul peccato, leggiamo: "Dio non vuole il male morale, però permette il male. Il peccato diventa per Dio un'occasione di dimostrazione delle perfezioni come: giustizia, bontà, misericordia (...)"[47]. Lo stesso autore, però, in un altro manuale stampato in Polonia intitolato: *Apologetica cioè teologia fondamentale*, non menziona nemmeno una volta la misericordia. Il testo discute sulla religione, la Rivelazione, la giustizia divina, la santità, i miracoli di Gesù, la Chiesa ed altro[48].

Nel compendio del manuale dogmatico di Ignacy Różycki intitolato: *Dogmatica - il metodo della teologia dogmatica*, sulle pagine dell'indice analitico manca la misericordia, leggiamo, però, una mezza pagina sottotitolo *La questione dello Spirito Santo*, considerato come un'espressione dell'amore personale (*amor personalis*) del Padre e Figlio[49].

In alcuni manuali addirittura non si trova alcun cenno sulla misericordia, come ad esempio nel manuale di Joseph Bautz, *Grundzüge der christlichen Apologetik*, di Jean Vincent Bainvel, *De vera religione et apologetica*, di Martino Iugie, *Theologia*

[46] Cf. M. SIENIATYCKI, *Zarys dogmatyki katolickiej. O Bogu Jednym i Trójosobowym* [*Dogmatica cattolica. Dio uno e Trino*], vol. I, Drukarnia Fr. Zemanka, Kraków 1933, p. 200.
[47] Cf. *ibid.*, cit., p. 36.
[48] M. SIENIATYCKI, *Apologetyka czyli teologia fundamentalna* [*Aplogetica cioè teologia fondamentale*], Drukarnia Fr. Zemanka, Kraków 1932.
[49] Cf. I. RÓŻYCKI, *Dogmatyka - metodologia teologii dogmatycznej* [*Dogmatica - il metodo della teologia dogmatica*], vol. I, Wydawnictwo Mariackie, Kraków 1947, p. 238.

Dogmatica christianorum, di Hermann Dieckmann, *De revelatione cristiana*, di Emil Dorsch, *Institutiones theologiae fundamentalis*[50].

1.1.3 IL MANUALE NELLA TEOLOGIA MORALE

Costatiamo che la manualistica possiede due polmoni: quello dogmatico e morale. Infatti, nell'indice del manuale morale intitolato *De principiis Theologiae moralis* il termine misericordia è assente. Nel sottotitolo *Quaestio prima - De ipso fine ultimo* possiamo leggere un breve discorso sull'amore di Dio:

> «Dalla facoltà intuitiva, con cui l'intelletto umano si unisce intimamente con la divina essenza, ha origine l'amore nella volontà del sommo bene immediatamente conosciuto. L'Apostolo spiega questo sommo amore con il quale l'uomo si rivolge a Dio, con le seguenti parole: ora restano queste tre virtù: la fede, la speranza e la carità, ma la più grande è la carità»[51].

Più avanti, nel discorso *Iustitia socialis*, nell'articolo *De distinctione virtutum moralium*, parla del dovere della carità nella società. Il dovere è collegato a *Partes integrales iustitiae duae sunt: facere bonum et declinare a malo*[52]. Nel manuale della teologia morale di Arregui intitolato: *Summarium theologiae moralis*, nel capitolo *Tractatus de virtutibus*, sottotitolo la *Quaestio - De virtute caritatis - art. De amore Dei*, il tema della misericordia viene menzionato in due pagine, come un sinonimo della bontà divina e della virtù, inserita nella legge divina[53]. Il discorso è collegato agli articoli tipo: *De amore Dei*, *De amore sui ipsius*, *De amore proximi*, dove viene dimostrata la natura del precetto divino e naturale, *amore caritatis,* che necessita di

---

[50] Cf. I. BAUTZ, *Grundzüge der christlichen Apologetik*, Mainz 1906: I. BAINVEL, *De vera religione et apologetica*, Paris 1914; M. IUGIE, *Theologia Dogmatica christianorum*, Paris 1926; H. DIECKANN, *De revelatione cristiana*, Friburgi 1930; F. DORSCH, *Institutiones theologiae fundamentalis*, Oeniponte 1930.

[51] Cf. H. NOLDIN - A. SCHMITT, *De principalibus theologiae moralis*, Ed. XXII, O.T.S. Fel. Ruach, Roma 1934, p. 20.

[52] *Ibid.*, cit., p. 276.

[53] A. M. ARREGUI, *Summarium theologiae moralis*, Dep. Libri della P.U.G., Roma 1937, pp. 83-84.

essere testimoniato e praticato[54]. Nel *Summarium theologiae moralis* di H. Noldin invece, sottotitolo *Quaestio - De contrizione*, prima del discorso *De confessione*, troviamo un'affermazione interessante sulla misericordia, menzionata nelle quattro righe e presentata come "viscera" (sostanza) e una delle perfezioni di Dio:

> «Nella visione di Dio la sostanza di Cristo Gesù è rivestita di misericordia, poiché la beatitudine formale è la prima conseguenza del Sommo Bene; poiché Dio è buono, noi esistiamo, Dio infatti è sommamente amabile non solo per l'infinita pienezza di tutte le perfezioni, ma anche per qualsiasi altra perfezione, come la potenza, la sapienza, la giustizia, la benevolenza, la misericordia»[55].

In realtà, questa visione si avvicina di più alla natura di Dio come misericordia, specialmente quando un peccatore, dopo il pentimento, sperimenta la grandezza e la forza dell'amore di Dio nel perdono.

Eriberto Jone nel *Compendio di teologia morale*, sotto il titolo del V capitolo; *La virtù della carità*, presenta una visione di Dio come *Sommo Bene* al quale appartiene la carità soprannaturale, che richiede la reciprocità nell'amare Dio e il prossimo: "La carità è una virtù soprannaturale infusa da Dio come sommo bene per se stesso, e amiamo, per suo amore, noi stessi e il nostro prossimo"[56]. Più avanti sviluppa il discorso dell'amore di Dio, dimostrando l'obbligo ragionevole di operare la carità, come un comando necessario per un comportamento cristiano.

> «L'obbligo di fare atti di amor di Dio esiste, alcune volte, come comandato per necessità di mezzo; più frequentemente è comandato per necessità di precetto. 1° Per necessità di precetto, tutti gli adulti sono obbligati a fare un atto di carità o di amor di Dio, quando non hanno nessun altro mezzo per procurarsi lo stato di grazia. Altri mezzi sono il martirio, il battesimo, il sacramento della penitenza, nei quali basta il dolore soprannaturale di contrizione per conseguire la giustificazione. 2° Per necessità di precetto, si è tenuti a fare un atto di amor di Dio appena si è raggiunto l'uso di ragione; inoltre quando si ha bisogno dello

[54] *Ibid.*, pp. 85-86.
[55] Cf. H. NOLDIN, *Summarium theologiae moralis - De sacramentis*, O.T.S. Fel. Ruach, Ratisbonae 1940, p. 255.
[56] E. JONE, *Compendio di teologia morale*, Marietti, Roma 1951, p. 135.

stato di grazia e non lo si può conseguire mediante un sacramento; similmente, quando non si riesce a superare una tentazione in altro modo. Finalmente, si deve esprimerlo frequentemente durante la vita»[57].

La concentrazione del discorso, però, si sposta sulla dimostrazione come bisogna evitare il peccato per non offendere l'amore di Dio, infatti:

«Peccati diretti contro l'amor di Dio: si possono commettere con l'omissione dell'atto di carità prescritto e con l'odio contro Dio. Si pecca di odio contro Dio quando si ha avversione a Dio perché Egli avversa il peccato e lo punisce, oppure perché permette sofferenze; inoltre quando si è dominati da inimicizia contro Dio. Gli si augura del male, si desidera che non esista, che non sia onnisciente, e giusto, quando per avversione a Dio si lavora a distruggere ciò che gli procura onore, ad esempio perseguitando e opprimendo la Chiesa»[58].

Dal testo appena citato, emerge la preoccupazione per l'omissione dell'atto di carità già ben inserito nella legge divina e per l'odio in contrasto con l'amore, che è Dio stesso. Lo specifico del discorso morale sta nell'evidenziare la differenza abissale tra il peccato (l'avversario) e Dio (l'onnisciente e il giusto). L'accento non si sposta nel presentare ad esempio la bontà, la misericordia di Dio nei confronti dei peccatori.

Nel secondo volume della *Teologia - Dogma - Liturgia - Vangelo* di Adolfo Tanquerey - Réginald Garrigou e di Bernardo Bartman (un manuale della teologia dogmatica e morale insieme) sotto il titolo la questione *Divisione degli attributi di Dio*, troviamo la parola misericordia menzionata come *miser cor dare*, cioè come sentire pietà per i più bisognosi (una pagina e mezzo). Essa viene descritta come un atto della volontà, la quale tende a sollevare le miserie altrui, e particolarmente a perdonare. La misericordia in Dio è concepita come effetto della sua Bontà infinita, perché, secondo il manuale, ai peccatori non si può dare bene

[57] *Ibid.*, cit., p. 136.
[58] *Ibid.*, cit., p. 137.

maggiore che il perdono. Dio è misericordioso nel soccorrere l'uomo dalle sue miserie materiali, ma specialmente dalle sue miserie morali, ossia dal peccato e dal castigo. Più avanti brevemente accenna dove la misericordia si rivela nella Sacra Scrittura, cita alcune espressioni di san Giovanni Crisostomo, quando parla di giustizia e misericordia affermando: *ma Egli è anche giusto Giudice*. Alla conclusione fa una sintesi, dicendo che il mondo terreno è *il regno della misericordia*, quello futuro invece, è *il mondo di Giustizia* e poi aggiunge una nota didattica: che quando si parla sulle perfezioni di Dio bisogna trovare i riferimenti rivelati nei racconti evangelici[59].

La misericordia non occupa quindi affatto un posto centrale[60]. In manuali più recenti manca spesso addirittura del tutto, e se mai compare, è sempre in una posizione decisivamente marginale. Le eccezioni confermano la regola, ma non riescono a cambiare in modo radicale il dato generale[61]. Il motivo della trattazione superficiale della misericordia è abbastanza chiaro, se sfogliamo i manuali in latino, polacco, italiano, francese e tedesco, stanno in primo piano le proprietà di Dio che risultano dall'essenza metafisica di Dio come essere sostanziale in quanto tale - *ipsum esse subsistens*: semplicità, infinità, eternità, onnipresenza, onniscienza, onnipotenza e altre. La definizione dell'essenza di Dio, che ha caratterizzato tutta la tradizione teologica fin dai primi tempi della Chiesa, non va affatto messa in discussione. Tutto sommato sembrerebbe che nella cornice delle proprietà metafisiche di Dio non c'è posto per la misericordia, perché essa non risulta dall'essenza metafisica, ma dall'autorivelazione storica di Dio.

Questo risultato deludeva Sopoćko, e gli imponeva quindi di ripensare tutta la dottrina degli attributi (proprietà) di Dio e di assegnare alla misericordia il posto che

[59] A. TANQUEREY- R. GARRIGOU-LARRANGE - B. BARTMAN, *Teologia - Dogma - Liturgia - Vangelo*, vol. II, ed. prima, P.C. d. P. Cottolengo, Torino 1953, pp. 82-83.

[60] J. POHLE, J. GUMMERSBACH, *Lehrbuch der Dogmatik* I, Paderborn 1952, pp. 338-340 - viene trattata la misericordia quasi come un'appendice e come ultima delle proprietà di Dio. F. DIEKAMP, *Katholische Dogmatik*, vol. I, Műnster 1957, p. 225 - dedica alla misericordia solo undici righe, in cui la menziona accanto ad altre proprietà. Ciò è strano per una dogmatica secondo i principi di san Tommaso, in cui, a proposito del tema della misericordia, troviamo affermazioni grandiose. L. OTT, *Grundriss katholischer Dogmatik*, Freiburg 1970, p. 57; L. OTT, *Compendio di teologia dogmatica*, Marietti, Torino 1957 - una pagina ad essa dedicata tra le proprietà morali di Dio.

[61] Una celebre eccezione costituisce soprattutto J. M. SCHEEBEN, *Handbuch der katcholischen Dogmatik* II, vol. IV, Freiburg 1948, pp. 265-267. Un esempio positivo trattato dalla teologia recente: B. DE MARGERIE, *Les perfections du Dieu de Jésus Christ*, Paris 1981, pp. 255-268.

le compete. Per il teologo, infatti, quel risultato non corrispondeva né all'importanza centrale della misericordia nella testimonianza biblica, né alle spaventose esperienze del XX secolo. In una situazione, nella quale molti contemporanei del Nostro sono diventati scoraggiati, privi di speranza e di orientamento, il messaggio della misericordia di Dio, presentato dal Nostro, doveva essere quello della fiducia e della speranza. Perciò l'evidenza dell'importanza della misericordia di Dio ha costituito per la teologia del Nostro, nella situazione del XX secolo, una grande provocazione e una sfida[62].

La mancanza di una riflessione sistematica sul messaggio biblico centrale della misericordia di Dio aveva avuto come conseguenza la degenerazione del concetto, spesso ridotto ad un "devozionismo", ad una pastorale e spiritualità "dolciastra", a cui mancava qualsiasi risolutezza e un chiaro profilo, che giustificasse in qualche modo chiunque. Una simile prassi, leggera e tenera, può risultare fino a un certo grado comprensibile, come reazione a una prassi legalistica impietosamente rigida. La misericordia diventa una pseudo-misericordia, se in essa non è più percepibile nulla dello sgomento davanti al Dio santo, alla sua giustizia e al suo giudizio. Effettivamente, il Vangelo ci insegna la giustificazione del peccatore, ma non del peccato, perciò dobbiamo amare il peccatore, ma odiare il peccato.

La dimenticanza della misericordia non fu per Sopoćko un problema marginale in qualche modo secondario della dottrina su Dio, ma lo mise di fronte al problema generale e fondamentale della definizione dell'essenza e delle perfezioni (attributi) di Dio per spingerlo ad una nuova riflessione sistematica sulla dottrina[63].

---

[62] M. SOPOĆKO, *Miłosierdzie Boga w dziełach Jego*, pp. 5 - 16.
[63] M. SOPOĆKO, *De misericordia Dei deque eiusdem festo istituendo, Tractatus dogmaticus ac liturgicus*, Wyd. Studiów Teologicznych, Vlinea 1941, pp. 3-4.

2. LA RIFLESSIONE SISTEMATICA DEL TEOLOGO

Sopoćko, prima della II Guerra Mondiale, avvertì il desiderio di scrivere un trattato dogmatico sulla misericordia. Nel 1936, appunto, pubblicò una breve analisi teologica sulla misericordia scritta in polacco:[64] *La misericordia di Dio. Analisi teologico-pratico*[65], dove possiamo constatare una prima prova di avvicinamento interessante al mistero di Dio, che è amore e misericordia (amore è il fiore di Dio - misericordia è il frutto di Dio. Tutto inizia nell'amore e tutto si trasfforma nella misericordia). Dal testo s'intuisce il desiderio di una eventuale riflessione sistematica e inoltre la ricerca sulle questioni fondamentali della dottrina su Dio e sui suoi attributi (propietà).

Ad aprile del 1939, il Nostro s'incontrò personalmente con il primate della Polonia, il cardinale August Hlond[66], da cui ottenne l'appoggio e il pieno consenso di scrivere il testo. Tanto è vero che il cardinale lo incoraggiò a preparare un trattato con una base teologica solida, che potesse promuovere l'approvazione della Chiesa per istituire una festa della divina misericordia. Il primate, a nome della Conferenza Episcopale Polacca, promosse e presentò l'idea alla Congregazione per il Culto Sacro[67].

---

[64] Il Nostro pubblica quest'analisi teologica - pratica, a distanza di tre anni dal primo incontro con suor Faustina (l'estate del 1933).

[65] M. SOPOĆKO, *Miłosierdzie Boże. Studium teologiczno - praktyczne* [*Misericordia di Dio. Lo studio teologico-pratico*], Wyd. Studiów Teologicznych, Wilno 1936.

[66] Cardinale August J. Hlond, primate di Polonia (1881-1948). La figura del card. Hlond, direttore e ispettore salesiano, secondo cardinale salesiano e personaggio di grande rilievo della Chiesa polacca di questo secolo, organizzatore della vita ecclesiastica in Polonia, denuncia al mondo le atrocità compiute dai nazisti - a giudizio dello spionaggio fascista avrebbe potuto essere eletto papa alla morte di Pio XI - ma non è molto conosciuto, soprattutto oltre i confini polacchi. S. ZIMNIAK, *Il contributo di don August Hlond allo sviluppo dell'Opera salesiana nella Metteleuropa*, Ed. LAS, Roma 1999.

[67] H. CIERESZKO, *Ksiądz Michał Sopoćko Apostoł Miłosierdzia Bożego* [*Don Michał Sopoćko apostolo della Divina Misericordia*], p. 141.

2.1 IL PRIMO TENTATIVO SISTEMATICO NEL TRATTATO DOGMATICO

La teologia di Sopoćko è cristocentrica, come già possiamo costatare in questo breve testo.

> «La cultura attuale ha allontanato molti dallo Spirito di Gesù Cristo, perciò occorre ristabilire la centralità del Cristo. La misericordia non è né la compassione né una virtù morale, è invece il supremo attributo di Dio, l'essenza di Dio, la massima potenza dell'amore di Dio e la relazione stabilita con le creature;[68] la creazione è l'atto proprio dell'onnipotenza divina, l'opera della misericordia è nella Redenzione»[69]

Ora passiamo ad analizzare il suo primo tentativo sistematico - il concetto di misericordia, ricostruendo le diverse tappe del pensiero, descrivendo alcuni passi più significativi nelle scelte delle fonti e dei temi affrontati, senza però entrare nel suo modo di pensare o di sviluppare la teologia.

Nel 1940, il trattato scritto in latino *De misericordia Dei deque eiusdem festo istituendo, Tractatus dogmaticus ac liturgicus* (58 pagine), fu portato a termine con un ottimo esito, che corrispondeva alle attese del teologo e degli altri interessati. Fu pubblicato in numerose copie nel 1941 (Wilno 1941, Detroit 1943, Warszawa 1947)[70]. Teniamo ben presente, però, che quando Sopoćko scrive e crea le nuove prospettive della teologia sistematica, "cresce" con la manualistica - c'è "un prima e un dopo"[71].

---

[68] M. SOPOĆKO, *De misericordia Dei*, cit., p. 5.
[69] *Ibid.*, cit., p. 9.
[70] *Ibid.*, p. 334.
[71] Vale la pena accennare che la *forma mentis* di Sopoćko si è formata con manuali di F. Schmid, *Christus als Prophet*, Brixen 1898, I. Smit, P. Dausch, Granderath, I. Bautz, Zigliara, *Propedeutica ad s. Theologiam*, Romea 1897, J. Gauma, B. Ezechiel, Mailett, G. Von Noorth, A. Trzanel, Van Hoonacker, Mazzella di F.W. Newaman, F. Simon, P. Janet, M. Sienatycki, i quali aprono maggior desiderio e stimolo per la ricerca teologica. I riferimenti della sua ricerca dogmatica sulla perfezione più grande di Dio, invece sono innanzitutto le opere dei grandi teologi come: Tertulliano, san Bernardo di Chiaravalle, san Cirillo di Gerusalemme, sant'Agostino d'Ippona e le sue opere (trattati sulla Misericordia), san Bonaventura da Bagnoregio, san Giovanni Crisostomo, san Pietro Crisologo, san Giovanni della Croce. A un certo punto "entra in dialogo" particolarmente con san Tommaso d'Aquino e la sua "Somma Teologica" che diventò la base degli approfondimenti e, come ispirazione alle ricerche, le rivelazioni di santa Faustina: E. OZOROWSKI - Z. JARZĄBEK - E. BOBOWSKA, *I dialoghi sulla Misericordia Divina*, p. 29.

All'inizio il Nostro, nel preparare il primo tentativo sistematico dogmatico, si dedicò allo studio, approfondendo l'idea della misericordia di Dio nella Sacra Scrittura, nei Padri della Chiesa, nel Magistero e negli altri teologi.

Vale la pena sottolineare che il Nostro, durante l'elaborazione del trattato, si consultava con i vari professori validi in quell'epoca (prof. Alfons Wolny, prof. Karol Van Oosta)[72], ascoltando attentamente le loro considerazioni, i suggerimenti e le osservazioni critiche[73].

Nel capitolo I, sviluppa una vasta ed interessante riflessione teologica sulla nozione della misericordia, nel II affronta un profondo discorso sistematico dell'opera della divina misericordia nella Redenzione, nel III dimostra l'esigenza dell'uomo come contraccambiare Dio per una così grande misericordia, nel IV invece, analizza la misericordia di Dio nella liturgia della Chiesa, nel V infine, percorre diversi argomenti favorevoli ad una eventuale festa della Divina Misericordia (o del Cristo misericordioso) che la Chiesa dovrà istituire[74].

Come punto di partenza, sin dalle prime pagine del trattato, evidenzia la questione seria del modernismo, il quale conduceva a spegnere "la luce del progresso umano" di ogni civiltà ed era la causa della povertà interiore dell'uomo. Come risposta al pericolo di cadere nel materialismo e alle esigenze di quell'epoca, in uno dei brani più espressivi dice:

> «Alcuni noti scrittori cattolici, negli ultimi tempi in mancanza di una grande idea, come dicono, la cercano e la chiedono nel mondo affinché questa idea (misericordia), che corrisponda alle necessità dell'uomo moderno, possa essere usata e proclamata come segno di riconoscimento nell'universo. Il nostro mondo offre ad ognuno lo spettacolo di una grande e immane battaglia. Il materialismo e lo spiritualismo combattono negli animi e riflettono la guerra del regno di Satana contro quello di Cristo. Il materialismo conduce al

[72] Prof. Karol van Oosta (benedettino) e il prof. Alfons Wolny (sac. diocesano), non furono favorevoli alla festa della divina misericordia, sostenevano che la festa stessa potesse essere in contrasto con quella del Sacro Cuore già istituita, e che in questo modo non si conservava la purezza dello spirito liturgico. Sopoćko, invece, pazientemente rispondeva a tutte le polemiche e alle critiche, che in realtà, oggi hanno un lato positivo; erano molto utili per dare un maggiore stimolo alla ricerca sistematica del teologo: A. Wolny, *O czystość ducha liturgicznego*, in *Homo Dei*, 18 (1949), pp. 220-227; K. Von Oost, *Dyskusja liturgiczna*, *Homo Dei*, Kraków 119 (1950), pp. 207-215.

[73] H. CIERESZKO, *Życie i działalność Księdza Michała Sopoćki (1888-1975). Pełna Biografia apostoła Miłosierdzia Bożego*, pp. 495-498.

[74] Cf. M. SOPOĆKO, *De misericordia Dei*, pp. 1-58.

baratro della barbarie, come insegna l'esperienza, spegne la luce del progresso umano di ogni civiltà ed è la causa della povertà interiore dell'uomo, come afferma il sommo Pontefice, papa Pio XII nella sua enciclica *Summi Pontificatus*. Il materialismo affisse Cristo alla croce. Il regno di Cristo è regno di verità, di vita, di santità, grazia, giustizia amore e pace, è l'unico che possa rispondere a tutti gli uomini e ai loro desideri. Infatti il Regno di Cristo ha cura non solo della vita soprannaturale dell'uomo, ma anche della norma che regola i costumi, della mutua necessità degli uomini e delle nazioni e della stessa legge di natura»[75].

In questo frammento, il teologo pensa seriamente al bene del genere umano, che deve combattere dalla parte del regno di Cristo, con il quale il supremo bene dell'uomo si unisce e dura già dai tempi antichi. Si deve impegnare a considerare la fragilità umana e rivolgersi al Dio supremo, che è misericordia in modo infinito. Probabilmente la santità, la giustizia e l'onnipotenza divina di Cristo Dio spaventavano molti e facevano in modo che si astenessero dal "lavorare per il suo Regno", perché essi forse per false umiltà si ritenevano vili e indegni.

Sopoćko, scrivendo, svolge anche un servizio non indifferente alla Chiesa, interpreta i bisogni dell'uomo moderno nella chiave della misericordia e che l'uomo, dopo lo spettacolo - tragedia della guerra, aspira a ritrovare una sua serenità, e invece assiste alla lotta incessante tra materialismo e spiritualismo[76].

Il Nostro, uomo di vasta cultura, elaborando il concetto di misericordia nel I capitolo, consultava in continuazione le opere ed i trattati di sant'Agostino d'Ippona (ad es. *De Civitate Dei*: I. 9. c. 5, *Tractatus* 71,72, *De Trinitate*). Il pensiero del teologo si presenta proprio nell'ottica delle idee di Agostino. Dal testo del trattato si evince chiaramente il cristocentrismo come principio architettonico della teologia: il *Cristus totus*, cioè il mistero di salvezza che si rivela a noi nell'umiliazione storica, apre la strada al Dio trinitario[77].

Quando il teologo trova nel *De Trinitate* un elenco dei dodici attributi, che lo spirito umano può dare a Dio e che vengono riletti nell'attributo degli attributi, cioè

---

[75] *Ibid.*, cit. p. 4.
[76] Cf. *ibid.*, p. 3.
[77] Cf. *ibid.*, pp. 5 - 10.

quello della *immutabilità* o *eternità*[78], nota, e dopo dimostra, che essi non esauriscono la natura stessa di Dio e che non si tratta di una sostanza astratta, un'immobilità statica; insieme ad Agostino sostiene che non bisogna attribuire l'immutabilità all'essere, ma vedere l'essere nell'ordine dell'immutabilità[79].

Sopoćko descrive il concetto di Dio - Trinità come l'unicità della persona,[80] due nature del Verbo incarnato, principio di unità e di totalità[81]. Tanto è vero che sant'Agostino ha sempre avuto un atteggiamento di circospezione riguardo al termine "persona" e alla sua applicazione alla Trinità[82].

Un altro pensiero teologico che condizionò il primo tentativo sistematico sulla misericordia del Nostro è di san Tommaso d'Aquino. Egli rappresenta per Sopoćko uno dei più grandi teologi della Chiesa, colui che in modo particolare e profondo sviluppò la teologia della misericordia di Dio nel linguaggio preciso, trasparente e semplice. Effettivamente pieno di entusiasmo scrive:

---

[78] AGOSTINO, *De Trinitate* V, 1, 2-3.

[79] Cf. M. SOPOĆKO, *De misericordia Dei*, p. 5. Per un aprofondimento rimandiamo in E. GILSON, *Introduction à l'ètude de Saint Augustin*, Paris 1949, p. 11.

[80] La teologia della misericordia di Sopoćko si confronta anche con gli altri teologi, magari incontrati in maniera non diretta. Secondo Max Scheler (1874-1928), la persona è l'unità concreta dell'essere nei suoi atti, ed essa raggiunge il suo valore supremo nell'amore di altre persone, cioè nella condivisione del vissuto dell'altro. Questa intersoggettività aiuta, infatti, la persona a giungere all'obiettività su se stessa. Karol Wojtyła, discepolo di Scheler, vede il proprio della persona nel tessuto delle relazioni di comunione (*Teilhabe*) con altri, e la perfezione della persona negli atti di comunione del vissuto. Parimenti, per Martin Buber, la verità ultima dell'umano si trova nella relazione «Io-Tu». In sintesi: la veduta immobilista e ontologista della persona non è conforme all'esperienza moderna, né ai suoi modi d'investigazione, che vedono la persona, non come l'essere distinto, ma come l'essere-verso. Il riconoscere Dio in quanto persona, implica necessariamente che bisogna riconoscerlo come relazione, come loquela, come ubertosità. *L'elemento assolutamente unico, privo di relazioni e refrattario a qualsiasi rapporto, non potrebbe mai essere una persona*. Non esiste persona come entità singola a sé stante. Lo si deduce dalle parole stesse da cui è nato il concetto di "persona", ove balza subito in primo piano: il termine greco "*prosopon*" significa letteralmente "sguardo", che, unito alla particella "pros" (= verso), include la correlazione come qualcosa di costitutivo. Lo stesso fenomeno si rileva dal termine latino "persona": il "suonare attraverso"; anche qui, la preposizione "per" (= attraverso, in mezzo) esprime correlazione, stavolta intesa come rapporto d'intesa verbale. Per dirla in altro modo: se l'Assoluto è una persona, non è affatto un'entità isolata da tutto il resto; sicché il superamento del singolare risulta necessariamente incluso nel concetto di persona: J. RATZINGER, *Foi chrétienne hier et aujourd'hui*, pp. 113-114; SAN TOMMASO, I, q. 28, a 2; J. RATZINGER *Introduzione al Cristianesimo*, Queriniana, nuova ed., Brescia 2000, pp. 136-137.

[81] Cf. M. SOPOĆKO, *De misericordia Dei*, pp. 4-5.

[82] È vero che egli impiega maggiormente il termine persona nella teologia trinitaria che non nella cristologia, ma è altrettanto vero che in Agostino il termine persona non si applica bene alla Trinità. La motivazione è nota. Agostino ritiene il termine persona un termine assoluto predicato dell'individuo, nella sua singolarità e interiorità, come può attribuirsi compiutamente a Dio-Trinità dove tutto è relazione, reciprocità, interscambio? *Persona* dice riferimento alla sostanza e non alla relazione; in fondo il ragionamento di Agostino è semplice: se persona è «substantia individua», come può esprimere l'idea di *relazionalità* tipica dei Tre della Trinità? Qualcuno ritiene che s. Agostino non sia «del tutto innocente della solitudine di quel *cogito* che il pensiero moderno riterrà costitutivo della *persona umana*»: A. MILANO, *La Trinità dei teologi e dei filosofi*; *l'intelligenza della persona in Dio*, in PAVAN-MILANO, *Persona e personalismi*, Ed. Dehoniane, Napoli 1987, p. 48.

«Il dottore Angelico sviluppò la scienza rivelata della misericordia di Dio. Al primo posto definisce questo termine come il più grande ed eterno attributo del Creatore, Redentore e Santificatore, invece attraverso la Sua relazione con le creature, in particolare con gli uomini, Dio fa uscire le creature dalla loro miseria e riempie le loro mancanze»[83].

Appunto Dio ama le sue creature con "l'amore gratuito". Egli da solo riversa il bene, lo migliora, elimina le mancanze umane, fa uscire l'uomo dalla miseria o la previene nei confronti di lui. Per quest'amore verso un "ente inferiore", cioè verso l'essere che possiede le mancanze, Dio è misericordia[84].

Esplorando le opere di Tommaso, Sopoćko resta sorpreso, vedendo convivere in lui l'acutezza speculativa e l'attenzione all'esperienza, la rigorosa sottigliezza logica e la penetrante lettura della fenomenologia. Nota che la sua capacità riflessiva, nell'ambito del pensiero, sia di alto livello, non meno lucida e fine appare la sua sagacia nel campo dell'azione, che risalta specialmente nella meravigliosa *Pars secunda* della *Summa Theologiae*. Il Nostro trova in questa "realtà" (*res*) che eccede sempre il "nome" (*vox*) nella *Summa Theologiae*, la precisa e trasparente misericordia di Dio, che diviene a noi creature, atto di giustizia di Dio. La misericordia appartiene alla giustizia. La misericordia è attribuita a Dio in modo principale non per la quantità che ha di sentimenti o di passione, ma per gli effetti (che produce)[85].

Possiamo costatare che Tommaso, nella *Summa Theologiae*, dove dedica tre questioni allo Spirito Santo, presenta lo Spirito Santo[86] come Amore che il Padre e il Figlio hanno per la propria amabilità. Egli è perciò attento a distinguere in Dio l'unità dell'essenza, che Sopoćko mette in luce nel trattato[87]. Attraverso l'unità della consonanza o dell'amore donato dallo Spirito, si esprime la distinzione tra *Amore essenziale* riferito ai Tre della Trinità e *Amore personale* attribuito specialmente alla Terza Persona. Il teologo adatta la visione di Tommaso all'importanza della figura dello Spirito Santo come Amore che sta all'origine dei doni divini, nell'economia

---

[83] M. SOPOĆKO, *De misericordia Dei*, cit., p. 6.
[84] *Ibid.*, p. 7.
[85] TOMMASO, *S. Th.*, III, 21: *De iustitia et misericordia Dei.*
[86] *Ibid.*, *S. Th.* I, q. pp. 36-38.
[87] M. SOPOĆKO, *De misericordia Dei*, cit. pp. 6-7.

salvifica - principio della vita divina *ad extra.* Appassionato dalle opere del dottore Angelico afferma:

> «In Dio c'è amore, l'amore riguarda il bene in generale, posseduto o non posseduto. Perciò l'amore naturale è il primo atto della volontà e dell'appetito. Per questo tutti gli altri moti dell'appetito suppongono l'amore, quale prima radice. Non si desidera altro, infatti, se non il bene di chi si ama, né si gioisce che del bene amato»[88].

Questo pensiero di Tommaso per la teologia di Sopoćko è davvero significativo, egli riesce a coniugare insieme *persona con relazione.* La relazione in Dio costituisce una persona quando è opposta e incomunicabile. Riferendosi a Dio si può affermare che in lui vi sono tre persone e nello stesso tempo si può asserire che *Dio è un essere personale*[89]. San Tommaso riteneva che è bestemmia concepire Dio Onnipotente alla maniera dispotica degli uomini[90]. La fede cristiana legge l'attributo dell'onnipotenza coniugandolo alla luce della paternità di Dio. Onnipotenza e paternità si fondono insieme. L'onnipotenza divina si esercita generando il Figlio in pienezza fino al supremo sacrificio del Calvario e all'aurora della mattina di Pasqua. Ciò che affascina il Nostro in Tommaso è che Dio non è un tiranno, è spazio di libertà per l'uomo perciò è opportuno specificare sempre che ci troviamo di fronte ad un'*Onnipotenza nell'amore*[91].

Nel messaggio biblico dell'infinita misericordia di Dio, Sopoćko ha trovato una vasta riflessione della Chiesa antica (san Clemente, sant'Ireneo di Lione, san Tertulliano, san Cirillo di Gerusalemme, sant'Ilario di Poitiers indicavano la misericordia come la proprietà particolare di Dio)[92]. In realtà, nella Chiesa antica il messaggio della misericordia non rimase senza seguito. Quando sorse il dilemma intorno ai cristiani, che dopo il battesimo si erano macchiati di una colpa grave e che non avevano mantenuto la loro promessa battesimale, perciò doveva essere concessa

---

[88] Cf. TOMMASO, *S. Th.*, II, XX, *De amore Dei.*
[89] M. SOPOĆKO, *De misericordia Dei*, p. 14.
[90] TOMMASO, *S. Th.*, I, 23,6,c., *De Veritate.*
[91] M. SOPOĆKO, *De misericordia Dei*, p. 10.
[92] *Ibid.*, pp. 10-32.

loro una seconda possibilità di riscatto, assunse un'importanza decisiva proprio l'argomento dell'infinita misericordia di Dio. In base ad essa fu introdotta la prassi penitenziale nella Chiesa antica[93].

Le prime pagine del trattato sono uno studio sistematico di Sopoćko sul concetto salvifico di misericordia di Dio, dove troviamo anche la sua convinzione rilevante d'inserire tale idea nella dottrina rivelata della Chiesa.

Successivamente troviamo una spiegazione su che cosa sia la misericordia. (*Quindam sit Misericordia Dei*) - Ne dà una definizione, dove si rivela (*Opera Misericordia Dei in redemptione*), la necessità di operarla (*Quid rependendum Deo pro tanta Misericordia*), festeggiarla (*Quidnam in liturgia de Misericordia Dei invenimus*)[94] e indirizzarla, non soltanto a quelli pronti a servire Dio, ma soprattutto ai lontani da Lui. Perciò scrive:

> «A loro e a tutti la Misericordia si manifesterà. La retta conoscenza della misericordia divina non solo infiammerà i loro cuori, che sono pronti a servire Dio, ma anche di quelli che sono lontani da Lui o combattono l'uomo contro di Lui per il bene, come essi credono. La conoscenza, infatti, e il culto speciale della misericordia di Dio o di Cristo misericordioso, è la misericordia, uno degli attributi divini, che l'uomo può meglio comprendere e percepire rispetto agli altri attributi, dal momento che la misericordia manca sempre in tutta la sua vita. La misericordia è nient'altro che la rivelazione dei tesori dell'infinita bontà, onnipotenza e generosità dell'ottimo e massimo padre verso i figli, più insipienti che cattivi e perduti e inoltre l'imitazione della stessa misericordia nel consorzio degli uomini verso i propri simili. Dunque bisogna aprire le viscere della misericordia di Dio all'uomo indigente, all'uomo che soffre molte miserie e insegnare a tutti che siano misericordiosi come il Padre celeste è misericordioso per debellare il regno di satana e costruire la vera prosperità del genere umano, che può aiutare a riunire tutti quelli che credono nel vero bene della società umana»[95].

---

[93] TERTULIANO, *De paenitantia*, 7, Ed. Studio Domenicano, Bologna 2011.
[94] M. SOPOĆKO, *De misericordia Dei*, cit. p. 9.
[95] *Ibid.*, cit. p. 4.

Notiamo che la misericordia di Dio in Sopoćko non è né compassione per gli altri, né la virtù morale, ma l'essenza di Dio. Egli è puro spirito e perfettissimo, quindi non gli si può imputare né ira né tristezza. Gli attributi di Dio sono le sue perfezioni infinite e non equivalgono a quelle umane. La relazione che Dio ha con le creature e la creazione si manifesta sia eliminando i difetti sia elargendo perfezioni, senza pretendere nulla in cambio. La misericordia di Dio è il suo massimo attributo (proprietà)[96].

Per capire meglio la misericordia, dimostra la necessità di richiamare alla memoria la dottrina degli attributi di Dio. Afferma che essi sono la divina essenza, perché la sua natura è divina e infinita, pertanto tutte le perfezioni sono indivisibili nella sua essenza. Egli divide gli attributi in negativi e affermativi, quiescenti e operativi, assoluti e relativi. Il Nostro ha seguito questa selezione utilizzando come fonte il *Lessio* intitolato *Le perfezioni e gli stili di Dio*[97]. Egli nella prefazione, tra gli attributi assoluti annovera l'immensità, l'immutabilità, l'eternità, l'onnipotenza, la sapienza e la santità, tra quelli relativi la benignità, la potenza, la provvidenza, la giustizia e infine la misericordia. Essendo Dio puro spirito, non è possibile, però, operare una distinzione tra perfezioni assolute e relative, ma bisogna ricondurle alla sua essenza. Per dimostrare tale affermazione, il teologo polacco "ricorre" di nuovo al dottore angelico, di cui riporta tutto il pensiero, che così sintetizzo:

> «Una certa virtù può assumere il significato di massima, in se stessa oppure se è rivolta verso gli altri. La misericordia viene percepita dall'uomo in forma relativa, ma fa parte dell'essenza di Dio. La misericordia è superiore a tutte le altre perfezioni, perché la Scrittura così la presenta e perché la misericordia della redenzione è la manifestazione della massima potenza di Dio. Infatti, poiché la potenza è l'essenza di Dio, ne consegue che la creazione è l'atto proprio dell'onnipotenza divina, la redenzione è il segno della maggiore potenza divina rispetto alla creazione, perché ha sottratto gli uomini alla miseria del peccato. Perciò la Chiesa celebra l'onnipotenza della redenzione nella liturgia. Nella "colletta" della decima

[96] Cf. *ibid.*, p. 5.
[97] Vedi L. Lessius, *De perfectionibus moribusque divinis*, s.e, Paris 1881, p. 206.

domenica dopo Pentecoste si sottolinea la "massima potenza di Dio nella immensa sua misericordia».[98]

Più avanti, esamina tutti i passi della professione della fede, si sofferma sull'incarnazione, l'unione ipostatica, il mistero della Trinità, la misericordia come essenza e conoscenza di Dio ed evidenzia l'universalità della Chiesa, che offre a tutti il dono della Rivelazione[99].

Dalla pagina 11, il Nostro dopo aver riportato il passo della lettera di san Pietro (*1 Pt* 1,3) e il Magnificat (*Lc* 1,50-54), prosegue con la dimostrazione teologica attraverso 10 punti cardine, di cui faremo un'esposizione essenziale.

L'incarnazione è l'inizio del Verbo eterno e il fondamento di tutti gli altri benefici della redenzione. L'incarnazione manifesta l'ineffabile umiliazione del figlio di Dio e l'infinita misericordia di Dio per gli uomini. Esattamente non disprezzò di assumere egli stesso la natura umana per salvare l'uomo dalla perdizione. Gesù Cristo unì nella persona divina la natura umana, realizzando l'unione ipostatica, unica nel suo genere. Possiamo dire che l'unione ipostatica per Sopoćko, significa oltre che due nature anche due volontà, ma con la volontà umana che obbedisce a quella divina. Cristo è figlio di Dio come uomo, nel senso in cui anche nella natura umana è figlio di Dio, ma non secondo la natura della razionalità umana. Ne consegue che per l'unione ipostatica la natura umana è unita al Verbo e pertanto il culto divino è uguale sia per il Verbo eterno sia per ogni parte della natura umana. Per tale ragione la Chiesa ha approvato il culto del Sacro Cuore, come simbolo dell'immensa misericordia di Dio. Perciò nella venerazione del Cuore di Gesù non possiamo prescindere dal fatto che proprio da quel Cuore proviene la misericordia di Dio.[100]

Nella parte successiva il teologo dimostra come la dottrina di Cristo sia un'altra opera della misericordia nella Redenzione. Prima dell'avvento del Salvatore, il mondo viveva nelle tenebre, perché ovunque dominava la profonda notte dell'idolatria. Alcune menti oneste andavano ripetendo qua e là qualche legge morale,

---

[98] M. SOPOĆKO, *De misericordia Dei*, p. 6.
[99] Cf. *ibid.*, pp. 11-20
[100] Cf. *ibid.*, p. 11.

come ad esempio gli stoici, ma dominavano l'indulgenza per i sensi, la tirannide del padre di famiglia, la sensualità femminile e dei figli. In genere, dato che si riteneva che la natura umana fosse viziata in origine, si poteva ricercare la felicità nel piacere della carne. Il Salvatore come un sole disperse le tenebre dalle menti e le sostituì con la sua divina dottrina. Accese la bellezza della fede in Dio e la vita eterna, portò la manna della divina parola che si riversò per prima sulla vita familiare e poi su quella sociale. Saziò con una sola parola tutto il genere umano col pane misericordioso della vita e della verità. Tra le altre cose il Signore Gesù insegnava gli attributi per parabole, come in quella del figlio prodigo, invitava gli ascoltatori alla comprensione e alla conversione. "Chi ha orecchie da intendere intenda" (cf. *Mt* 13,9)[101].

Procedendo nell'analisi, osserviamo che il Nostro riporta l'esempio delle virtù del Salvatore il quale manifesta altra misericordia. In quel modo dimostra la possibilità di imitarlo e di tradurre la dottrina in vita vissuta. Egli offre esempio di povertà e di umiltà, nascendo in una stalla e scegliendo apostoli poveri. Dà esempio di castità, nascendo da Maria Vergine, di obbedienza al Padre Celeste con la morte in croce. Diede esempio di continenza, mortificazione e vigilanza, praticando la virtù in modo eroico davanti agli occhi degli uomini. Il segno della misericordia di Dio è questo esempio delle virtù di Cristo, poiché gli uomini, dopo il peccato originale, erano più inclini al male che al bene. Perciò, afferma il teologo, Cristo ha sofferto per noi, lasciando esempi affinché seguissimo le sue orme (cf. *1 Pt* 2,21)[102].

> «La liberazione dal peccato e dalla morte perpetua parimenti è un immenso beneficio della redenzione. Poiché Dio è sommo e infinito bene, così il peccato come offesa massima e infinita di Dio è un male; infatti l'intensità dell'offesa è proporzionale alla dignità della persona offesa. Nessuna creatura può soddisfare sufficientemente per il peccato commesso, né valgono i meriti di tutti i santi per riparare le offese, dal momento che nessuna persona creata ha una dignità infinita. Per donare a Dio un'infinita soddisfazione, perché la dignità di chi soddisfa sia uguale a Dio, era necessario che il figlio di Dio assumesse la natura umana. In tal modo il Signore nostro Gesù Cristo soddisfece il peccato senza chiedere perdono, ma

[101] Cf. *ibid.*, p. 12.
[102] Cf. *ibid.*, pp. 12-13.

con la sua condanna a morte si accollò i peccati di tutti gli uomini. Cristo soffrì nella natura umana non separata dalla persona divina, perché era necessario per la piena soddisfazione e la liberazione dell'uomo»[103].

L'adozione a figli di Dio è una nuova e straordinaria misericordia della Redenzione. Noi conosciamo meglio la sua bellezza perché sappiamo che Egli ci ha salvati. Infatti per il peccato eravamo nemici di Dio, ma Lui ci ha reso partecipi del suo stato divino e ci ha elevati a suoi coeredi. In Sopoćko c'è grande differenza tra lo stato del peccato e quello della natura pura, maggiore tra lo stato della natura pura e lo stato di beatitudine, massima differenza esiste tra lo stato del peccato, dal quale il Signore Gesù ci ha liberati, per elevarci a quello di figli di Dio. L'adozione a figli di Dio non è una condizione inferiore a quella filiale. Infatti Dio nel Figlio ha assunto due nature, quella di uomo e quella di Verbo divino, fondendole in una sola. Come figli adottivi, ha assunto tutti quelli che per la fede nel Figlio e i sacramenti da Lui istituiti, sono inseriti in Lui come i rami dell'albero al tronco. L'apostolo dice: "Quelli che sono ispirati e agiscono secondo lo Spirito di Dio, sono figli di Dio" (cf. *Rm* 8,14). Come lo Spirito si comunica a Cristo con l'unione ipostatica, a noi si comunica attraverso la grazia santificante, che abbellisce, spinge e dirige tutte le nostre attività vitali e le trasforma in attività di figli di Dio. Dunque siamo figli di Dio non per qualche dono creato, ma per il possesso dello Spirito divino, che ci vivifica e dirige le anime nostre (cf. *Rm* 8,14-15 -17; *Ap* 21,4).

> «Il tesoro perpetuo dei meriti di Cristo, al quale partecipiamo, come ad una fonte inesauribile di grazie, deriva dalla Misericordia. Se si pecca abbiamo un avvocato presso il Padre celeste che intercede per noi, non per nuove preghiere e nuovi meriti, ma per i meriti che Cristo ha acquisito nella sua vita mortale. Essi hanno davanti al Padre Celeste un infinito valore e un tesoro inesauribile di ricchezze spirituali, che sono la fonte di soddisfazione e propiziazione per i peccati (cf. *Zach* 13,1 *Rm* 8,34). La facilità di fare memoria e attingere grazie dal tesoro dei meriti di Cristo significa godere della Misericordia di Dio»[104].

---

[103] *Ibid.*, p. cit. 14.
[104] *Ibid.*, p. cit. 16.

A questo punto Sopoćko elenca le condizioni del suo tempo per la remissione dei peccati mortali e tutte le possibilità per accedere ai tesori inesauribili di Cristo, sottolineando la grande novità del Nuovo Testamento e della nuova legge che va definita di "Grazia e Misericordia".

> «L'Eucaristia, come sacrificio è un'altra opera della Misericordia di Dio, attraverso la quale si manifesta l'arte somma della sapienza e della potenza di Dio e la bellezza della dottrina cristiana. Il Signore Gesù nell'Eucaristia ha dimostrato l'opera di misericordia del Padre, lo splendore della sua divinità sotto la specie del pane, e contemporaneamente la possibilità di acquisire il merito della fede. Per sua misericordia nei nostri confronti ha mitigato la bellezza della sua gloria e ci ha dato l'esempio di vita nascosta e di umiltà per insegnarci l'amore fraterno. Infatti nel sacrificio della Messa adoriamo la grandezza di Dio che egli stesso ha unito nell'umiltà del pane e nella sua presenza reale. Nella Messa si manifesta la grandezza di Dio e della sua misericordia, sia per i vivi che per i morti, per i quali senza sosta alcuna egli si immola»[105].

Possiamo dire che il teologo descrive l'Eucaristia come sacramento dell'immensa misericordia di Dio, perché Egli qui si fa cibo, sostenendo e accrescendo in noi la vita soprannaturale. Come i cibi ordinari, assunti dall'organismo, si trasformano e sono sottoposti ad un mutamento sostanziale, il Corpo di Cristo nel sacramento dell'altare trasforma i nostri corpi e dona loro l'immortalità, la semplicità, la bellezza e la gloria futura. "Se qualcuno mangerà di questo pane vivrà in eterno" (*Gv* 6,52). L'eucaristia veramente è la massima misericordia di Dio; il preziosissimo tesoro contiene in sé tutti gli altri.[106]

Il modo della Redenzione parimenti manifesta l'immensa misericordia di Dio, perché il Signore Gesù assunse su di sé i peccati di tutto il mondo e i suoi effetti, li riparò con i tormenti della croce. Il Nostro, dopo aver richiamato a conferma i Salmi e i passi di Isaia, precisa che Cristo dette inizio alla riparazione dei peccati fin

---

[105] *Ibid.*, cit. p. 17.
[106] Cf. *ibid.*, pp. 18-20.

dal suo concepimento. Si sottopose alla legge ebraica, alle umiliazioni di ogni genere fino al supremo sacrificio della sua passione e morte. I singoli benefici della Redenzione vanno non a tutti gli uomini in genere, ma alle singole persone dalla nascita alla morte e si prolungano nell'eternità. La grazia della misericordia di Dio agisce individualmente per ogni persona, offre occasioni di salvezza e aiuta nel cammino di perfezione. La misericordia di Dio non solo ci perdona i peccati, ma ci aiuta anche nel cammino di conversione. Come una buona madre allontana le spine dal suo bambino per impedirgli di farsi male in luoghi pericolosi, così Dio ci toglie le spine da sotto i piedi per la nostra conversione e per farci vivere con Lui. Il Signore dimentica le nostre iniquità per condurci alla gioia del cielo. "Canterò in eterno la tua misericordia" (*Sal* 32,2). La misericordia di Dio si estende non solo ai vivi, ma anche ai defunti[107].

Nel discorso come contraccambiare Dio per tanta misericordia, dimostra che tutti sono portati alla gratitudine per i benefici ricevuti. Lo stesso Gesù esorta e dice: "non sono stati purificati 10 e gli altri nove dove sono?" (*Lc* 17,17). Il teologo polacco utilizzando come fonte *Lessius*, elenca quattro forme di gratitudine che il Signore chiede: la memoria, l'amore, il servizio con l'aiuto della grazia e la lode perpetua[108]. Per conoscerle occorre leggere questo brano tradotto dal latino:

> «1 - Conservare la memoria dei benefici ricevuti è il minimo che il beneficato possa fare. Molti, infatti, non ricordano neppure i favori ricevuti, oppure li rievocano ogni tanto. I più numerosi pensano che i beni terreni e materiali siano una forma di benevolenza divina, perciò ignorano del tutto le grazie concesse da Dio. La massima ingratitudine sta nel non pensare ai benefici della Misericordia di Dio o addirittura disprezzarla e offenderla. Questo è il massimo grado dell'ingratitudine. 2 - L'amore è un'altra forma di gratitudine. Come il sole riscalda e accende il fuoco se riflesso nello specchio, così i divini benefici suscitano in noi il fuoco della carità. In considerazione dei benefici ricevuti, questi sono gli atteggiamenti da assumere da parte nostra: rappresentare a Lui la nostra fragilità e indegnità, riempire il nostro cuore di amore e affidarci totalmente alla Misericordia di Dio.

[107] Cf. *ibid.*, pp. 21-22.

[108] Cf. Lessius L. S. P., *De perfectionibus*, pp. 315-329.

3 - Il servizio è la terza forma di gratitudine con cui possiamo ringraziare Dio misericordioso. Lui ha creato noi, il mondo e ci ha redento, riscattandoci dal peccato con la Passione e con il conseguente tesoro dei meriti di Cristo suo figlio, e infine con l'istituzione dell'Eucaristia. 4 - La lode e la benedizione sono la quarta azione che dobbiamo alla Misericordia di Dio, nello stesso modo in cui il Signore è lodato nella Sacra Scrittura per le opere della misericordia (*Es* 15,13; *Esd* 3,11; *Sal* 35). Benedire Dio non significa impetrare il bene che Dio già possiede, ma significa manifestare la gioia, attingendo alla fonte che Lui possiede in modo inesauribile. Poiché le grazie della Misericordia di Dio sono d'infinito valore, noi dobbiamo a Lui un'infinita lode, anche per quelle persone che non possono o non vogliono farlo. 5 - La fiducia è l'attesa dell'aiuto promesso e ragionevolmente presunto. Nella Sacra Scrittura, il Signore ci ha promesso il suo aiuto misericordioso, perciò sappiamo che Lui non ci farà mai mancare la sua misericordia. La fiducia in Lui, poi, è una parte essenziale della perfezione cristiana, ma non deve essere temeraria, si deve piuttosto fondare sul sincero pentimento dei peccati e sulla conversione. Nella Sacra Scrittura, lo Spirito Santo invita alla fiducia in Dio, che viene chiamata misericordia (*Sal* 31,10; 32,22; *Mt* 9,2; *Mc* 6,50; *Gv* 16,33). La fiducia nella Misericordia di Dio non va identificata con il quietismo o la pigrizia spirituale, ma come adesione totale alla volontà divina che illumina la vita quotidiana. 6 - L'imitazione della misericordia di Dio nella nostra vita è il sesto modo con il quale dobbiamo rispondere a Dio, sull'esempio della parola di Gesù: *siate misericordiosi come il Padre vostro è misericordioso* (*Lc* 6,36)».[109]

Nella parte liturgica del trattato, il teologo approfondisce l'espressione "Misericordia di Dio" nel messale romano e nel breviario romano trovando molti riferimenti alla misericordia. Per Sopoćko, la liturgia è la faccia della Chiesa nella quale la fede dei cristiani si manifesta esternamente e per mezzo della quale la Sposa di Cristo offre dal suo tesoro cose nuove e antiche[110].

Infine, il Nostro in modo giusto e con massima prudenza, tratta e analizza la questione delle apparizioni private di suor Faustina Kowalska. In base all'insegnamento della Chiesa, continuava a ribadire l'esistenza della misericordia in quanto proprietà di Dio. Cerca di dimostrare le basi per instaurare la festa che Gesù richiedeva nelle rivelazioni. Vengono quindi presentati i risultati delle sue ricerche,

[109] M. SOPOĆKO, *De misericordia Dei*, cit. pp. 21-22.
[110] Cf. *ibid.*, pp. 29-33.

nonché le argomentazioni che giustificavano l'introduzione della festa.[111] Il papa Pio XII, a conoscenza della questione posta nel contenuto del trattato, informa l'arcivescovo di Wilno, tramite il padre generale della Congregazione dei Sacerdoti Mariani, assicurandolo che poteva contare sull'approvazione della nuova festa della divina misericordia, nel territorio dell'arcidiocesi[112].

2.2 LA RIFLESSIONE SISTEMATICA DI UN'OPERA IN QUATTRO VOLUMI

Un'altra pubblicazione rilevante della riflessione sistematica di Sopoćko è: *La misericordia di Dio nelle sue opere*, che fu stampata in quattro volumi negli anni 1959-1967. Il primo fu pubblicato a Londra nel 1959[113], gli altri tre negli anni '60 a Parigi[114] e a Roma[115], grazie all'aiuto di persone che abitavano nell'ovest europeo, interessate al tema della misericordia nella dogmatica. Bisogna rilevare che, proprio in seguito alla diffusione dell'opera, cresceva l'interesse dei teologi per l'argomento.

In essa, il teologo procede nella riflessione sistematica sulla misericordia come l'essenza di Dio *ad extra*, peraltro già iniziata nel primo trattato *De misericordia Dei,* appena analizzato. Questi volumi segnano una tappa significativa per lo sviluppo della sua teologia, perché rivelano le altre fonti che il Nostro utilizza (per es. i testi di Denzinger H., di Bannwart C., di Migne J. P., altre parti della *Summa teologica* di san Tommaso, *Acta Apostolicae Sedis*, Roma 1909)[116], chiariscono ulteriormente la riflessione maturata nel tempo sulla nozione della misericordia, la quale diventa visibile e concreta nella persona di Cristo. Ciò che colpisce in quest'opera è non solo "la sincerità del pensiero", ma anche la consapevolezza del rischio di essere accusato

---

[111] Cf. *ibid.*, pp. 37-44.

[112] A. DRAGAN, *Z misją Bożego Miłosierdzia. Szkice z życia bł. ks. Michała Sopoćki*,Wydawnictwo Księży Marianów, Warszawa 2008, pp. 82-83.

[113] M. SOPOĆKO, *Miłosierdzie Boga w dziełach Jego*, vol. I, Stockbridge Mass, London 1959.

[114] *Ibid.*, vol. II, vol. III, vol. IV, Paryż 1960.

[115] *Ibid.*, vol. I, vol II, vol. III, vol. IV, Rzym 1962.

[116] *Ibid.*, vol. III, p. 301.

di superficialità nell'elaborare il concetto di Dio, nel quale, a volte, si può perdere ciò che è essenziale per la teologia stessa, perciò scrive:

> «Esistono delle verità che si conoscono, spesso se ne sente parlare e se ne parla, ma non si capiscono. Così è stato con me, per quanto riguarda la verità sulla divina misericordia. Tante volte menzionavo questa verità nelle omelie, ci ho pensato durante i ritiri, la ripetevo nelle preghiere della Chiesa - particolarmente nei Salmi - ma non comprendevo il significato di tale verità né approfondivo il suo contenuto, cioè che essa è l'attributo più alto dell'opera di Dio all'esterno (l'essenza di Dio)»[117].

Questa verità è stata indubbiamente trascurata e qualche volta anche dimenticata nella riflessione dogmatica, come già abbiamo dimostrato. La causa sta probabilmente nell'abitudine di menzionarla, senza una riflessione più attenta e profonda.

Un'altra considerazione importante riguarda la sistematicità del Nostro nello scrivere quest'opera e tutta l'impostazione del pensiero teologico sulla misericordia di Dio. Il teologo all'inizio presenta un tema e lo rafforza con la citazione biblica, facendo una breve esegesi, in seguito lascia spazio alla spiegazione storica, cioè chiarisce il contesto di un evento (per esempio l'incarnazione del Verbo, la croce, la risurrezione ecc.), la simbologia, il senso, il significato, le usanze, i gesti compiuti, gli oggetti usati, conducendo gradualmente il lettore alla scoperta dello stretto collegamento con il messaggio della divina misericordia. Nella seconda parte svolge il discorso dogmatico svelando il mistero di Dio, che si rivela nella misericordia. Dio ama in modo perfetto, si lascia amare ed entra nella relazione personale costante con l'uomo, per renderlo più felice e "completo". La consuetudine di Sopoćko è dimostrare ad ogni costo la novità e l'attualità del concetto di Dio misericordioso, come base fondamentale per la teologia, che può coinvolgere tutti, affascinare e far incuriosire ciascuno per conoscere meglio Dio, attraverso il suo attributo più grande (proprietà). Terza ed ultima parte di ogni capitolo è quella tipicamente spirituale,

117 Cf. M. SOPOĆKO, *Miłosierdzie Boga w dziełach Jego*, vol. I, nuova ed., Kuria Metropolitalna Białostocka, Białystok 2008, p. 5.

riservata alle sue meditazioni personali, spesso concluse addirittura con una preghiera composta dal Nostro, che riepiloga il discorso appena sviluppato.

Il primo volume contiene 61 capitoli (280 p.) e affronta i temi tipo: l'incarnazione, la vita, l'insegnamento e le opere di Gesù Cristo. In essi Sopoćko svolge una riflessione indubbiamente più ampia e più profonda sul mistero della misericordia rivelata nella vita terrena di Gesù. Egli all'inizio dell'argomentazione si pone una serie di domande quali: *cosa pensiamo di Dio? che ne pensiamo della misericordia?* ecc., rendendo poi il discorso molto interessante e coinvolgente. Il passo successivo nell'elaborazione del pensiero è la dimostrazione sistematica che Cristo è Figlio di Dio, ma anche Figlio dell'uomo. Poi prosegue nella contemplazione dell'incarnazione nei suoi vari aspetti, come, perché e dove. Analizza il nome di Gesù, ricercandone il significato, legato inseparabilmente alla misericordia e già ben inserita in esso. Percorre tutta la storia del Messia, la nascita, l'infanzia e la vita pubblica, secondo la chiave di lettura della misericordia, dimostrando che essa è il tema centrale dell'insegnamento di Cristo e che viene realizzata in tutte le opere compiute da Lui.

Nel secondo volume, si leggono 89 capitoli (326 p.) con un'analisi sistematica della passione, morte, risurrezione ed ascensione di Cristo. Sopoćko affronta in essi la tesi della misericordia nel mistero della Redenzione, che si attualizza nei sacramenti della Chiesa.

Il terzo è ecclesiologico e contiene 62 capitoli (273 p.), dove il teologo esamina i temi seguenti: lo Spirito Santo, il mistero della Chiesa, la grazia, le virtù, i doni dello Spirito Santo, la preghiera, la fiducia e i 7 sacramenti. In essi rileva l'azione e l'efficacia della misericordia nella Chiesa.

Nel quarto volume e ultimo, costituito da 6 capitoli (60 p.), Sopoćko propone il discorso della misericordia nella liturgia della Chiesa. Con un'argomentazione convincente, propone e favorisce l'istituzione di una possibile festa della divina misericordia. Inizia dalla domanda retorica *perché bisogna lodare Dio nella sua misericordia*?, dimostra l'importanza della festa nel "tempo dello Chiesa" e richiama l'immagine di Maria Madre della misericordia, già venerata con tale sottotitolo. La analizza, svolgendo un discorso mariologico e la propone come un *archetipo* (modello) della Chiesa[118].

Facendo una rapida sintesi, possiamo dire che la peculiarità dei quattro volumi, considerati nel loro insieme, consiste nell'elaborazione della nozione della misericordia, come suggerisce lo stesso titolo dell'opera e questo pensiero di Sopoćko.

> «Dio ebbe compassione nei confronti di tutta l'umanità. Egli mandò l'angelo Gabriele a Maria per annunciare i quattro grandi misteri della misericordia: l'Immacolata concezione di Maria, la Santissima Trinità, l'Incarnazione e la Redenzione»[119].

L'argomento centrale, però, dell'interesse del teologo e la stessa ispirazione, che permea il desiderio di scrivere i volumi, s'identificano e s'incontrano simultaneamente nel Salmo 145, che a questo punto vale la pena riportare.

> «Paziente e misericordioso è il Signore, lento all'ira e ricco di grazia. Buono è il Signore verso tutti, la sua tenerezza si espande su tutte le creature. Ti lodino, Signore, tutte le tue opere e ti benedicano i tuoi fedeli» (*Sal* 145,8-10).

Indubbiamente, dall'attenta lettura dell'opera sistematica, si evince chiaramente che Sopoćko è pioniere nella teologia della misericordia e che si distingue dagli altri teologi, infatti, non ripete le cose già conosciute, ma interpreta la storia della creazione e della salvezza, secondo la misericordia di Dio. Egli, pur rispettando il pensiero del Novecento teologico, nei momenti più significativi ed espressivi, presenta la sua visione straordinaria di Dio, come amore e misericordia.

---

[118] H. CIERESZKO, *Życie i działalność Księdza Michała Sopoćki (1888-1975)*, pp. 504-506; *Ksiądz Michał Sopoćko Apostoł Miłosierdzia Bożego*, Wydawnictwo WAM, Kraków 2004, pp. 272-279.
[119] M. SOPOĆKO, *Miłosierdzie Boga w dziełach Jego*, vol. I, cit., p. 97.

2.3 L'IDEA DELLA MISERICORDIA IN ALTRI SCRITTI

Dopo aver presentato le opere sistematiche più importanti del teologo polacco, ora prendiamo in considerazione gli altri scritti, che fanno parte di un unico impegno per avvicinarsi all'idea della misericordia di Dio. Teniamo presente che la sua preoccupazione fu anche quella di poter raggiungere molte nazioni del mondo per un eventuale scambio e dialogo internazionale, nell'ambito teologico. Raccomandava la misericordia di Dio come mezzo efficace per vincere le sventure del mondo moderno, le delusioni e gli scoraggiamenti, le sue debolezze e il suo avvilimento.

Sopoćko, grazie all'amicizia con J. Chróściekowski[120], fu aiutato nella traduzione delle sue opere sistematiche, degli scritti, degli articoli in tante lingue straniere e nella pubblicazione in vari paesi (Inghilterra, Germania, Francia, Italia, Spagna, America, Lituania). Le frequenti pubblicazioni apparivano negli anni '30, '40, '50 e '60, come contributo allo sviluppo della teologia nel XX secolo, e ponevano in qualche modo il discorso della misericordia di Dio come tema importante.[121] Per esempio la pubblicazione del *Possiamo conoscere Dio nella sua misericordia* in inglese, francese, tedesco, italiano, spagnolo, lituano (1950), aiutò ad aprofondire il concetto Dio come misericordia. Egli dimostra che l'essenza di Dio è misericordia, la quale esce dalla SS. Trinità *ad extra* ed entra in relazione con gli uomini attraverso la persona di Cristo - il mediatore, il Redentore e il Salvatore misericordioso. *Ad Intra*, invece, fra le Persone Divine c'è uno scambio d'amore: il Padre genera, il Figlio è generato e il tutto avviene nello Spirito Santo che è l'amore sostanziale che intercorre fra loro. In questa relazione amorosa, in questo scambio amoroso d'amore, sono una cosa sola, un "unum" nell'amore misericordioso. La traduzione della *Misericordia Divina unica speranza per il genere umano* (Cordoba 1951, 1953, Roma 1954, 1956, Udine 1954, Altenstadt-Vorlaberg

[120] Un sacerdote polacco della Congregazione dei Mariani dell'Immacolata Concezione della Beata Vergine Maria religiosa in Inghilterra.

[121] M. SOPOĆKO, *Miłosierdzie Boże. Studium teologiczno - praktyczne* [*Misericordia di Dio. Lo studio teologico-pratico*].

1953, 1958), invece, ebbe per scopo la divulgazione del messaggio sulla misericordia, come l'unica ed efficace speranza per tutta umanità[122]. Nel 1955 fu pubblicato in inglese il lavoro ampio *Gods is Mercy*, un anno dopo *La Misericordia di Dio* (1956), entrambe le opere avvicinarono il lettore alla verità della misericordia di Dio e all'essenza divina[123]. All'inizio degli anni 60 si stamparono altri lavori nella lingua polacca e inglese. Nel 1965 altre ricerche scientifiche sottolinearono e dimostrarono che il tema della misericordia è centrato sul mistero di Dio, come uno dei più grandi suoi attributi (proprietà)[124]. Nel 1968, invece, fu pubblicata una ricerca in latino *Domine, miserere nobis! Meditations on God's Most Consoling Attribute*, nella quale si presenta il mistero dell'amore misericordioso nel sacramento del riconciliazione[125]. Altri scritti pubblicati, che riportano la riflessione teologica di Sopoćko sulla misericordia, in qualche modo già menzionata nelle sue opere precedenti, sono: *Gods is Mercy. De Christo Salvatore Miserentissimo adorando et de sua misericordia generi humano imploranda* (1968); *Lord, have mercy on us* (1969); *The Mercy of God in his Works* (1962); *La misericordia in eterno. Le meditazioni sulla misericordia di Dio* (1972). Inoltre i molti articoli[126], le lettere[127] e quattro quaderni

---

[122] M. SOPOĆKO, *Miłosierdzie Boże nadzieją ludzkości*, Wrocław 1948, *Misericordia Divina unica speranza per il genere umano*, Cordoba 1951, 1953, Roma 1954, 1956, Udine 1954, *Die Barmherzigkeit Gottes einzige Hoffnung des Menschengeschlechts*, Altenstadt-Vorlaberg 1953, 1958.

[123] M. SOPOĆKO, *Gods is Mercy*, wyd. 1, St. Meinrad 1955.

[124] M. SOPOĆKO, *Meditations on God's Most Consoling Attribute*, Stockbridge 1965, London 1965.

[125] H. CIERESZKO, *Ksiądz Michał Sopoćko Apostoł Miłosierdzia Bożego*, Wydawnictwo WAM, Kraków 2004, pp. 275-277.

[126] M. SOPOĆKO, *Miłosierdzie Boże źródłem radości* [*La misericordia sorgente della gioia*], AAB-IV, Białystok 1931; *O czynną i ofiarną miłość kapłańską - w jedności pomyślność* [*L'amore sacerdotale pronto al servizio ed alla misericordia del Cuore morente*], in "WAW", 5(1934); *Cogitationes Cordis eius in generationem et generationem*, WAW 6 (1932); *Miłosierdzie Boże - terapia oziębłości* [*La misericordia - terapia della tiepidezza*], AAB-T, 1934; *Rozważania o Bożym Miłosierdziu i konferencje. Zaparcie samego siebie* [*Le meditazioni sulla misericordia e le conferenze. Rinnegare se stesso*], AAB, LXXVI; *Kapłan, jako szafarz Miłosierdzia Bożego* [*Il sacerdote è dispensatore della misericordia di Dio*], in "Głos Kapłański", 9(1939); *Ufność kapłana w miłosierdzie Boże* [*La fiducia del sacerdote nella misericordia di Dio*], in "Głos Kapłański" 7-8(1939); *Kapłan jako szafarz Miłosierdzia Bożego* [*Il sacerdote dispensatore della misericordia di Dio*], in "Głos Kapłański" 13(1939); *Spowiedź młodzieży szkolnej* [*La confessione della gioventù adoloscente*], in "Przegląd Katechetyczny" 31(1948); *Rozważania o Bożym Miłosierdziu i konferencje. Miłosierna Opatrzność Boża*, [*Le meditazioni e le conferenze sulla misericordia. La Provvidenza di Dio*], Officium; *Kult Serca Jezusowego a Kult Miłosierdzia Bożego* [*Il culto del Sacro Cuore e il culto della divina misericordia*] *Kult Serca Jezusowego a kult Miłosierdzia Bożego* [*Il culto del Sacro cuore di Gesù e il culto della divina misericordia*], Ateneum Kapłańskie 49(1948), Polonia Sacra. Kwartalnik Teologiczny, 1(1948); *O nabożeństwie do Miłosierdzia Bożego* [*La devozione alla divina misericordia*], in "Straż Honorowa", 2(1948); *Chrzest jako wyraz Miłosierdzia Bożego*, [*Il battesimo come un' espressione della divina misericordia*], in "Wiadomości Duszpasterskie" 4(1948); *Miłosierdzie Boże wzgledem grzeszników* [*La misericordia di Dio e il riscatto degli uomini dal peccato*], artykuł, AZSJM,1948; *Serce Jezusa a Miłosierdzie Boże* [*Il cuore di Gesù e la misericordia di Dio*], in "Wiadomości Duszpasterskie", 4(1948); *Matka Miłosierdzia pobudką ufności* [*Madre della Misericordia che suscita la fiducia*], in "Wiadomości Duszpasterskie", 5(1949); *Miłosierdzie Boże* [*La misericordia di Dio, notiziorio della pastorale*],

del diario (309 pagine) sintetizzano e aiutano a cogliere l'essenziale sul grande tema della misericordia, riferita a tutta la riflessione del teologo. Scrive; "Dio vuole andare nel profondo dell'uomo attraverso la rivelazione della sua vita interiore faccia a faccia"[128].

3. LA MISERICORDIA, UN TEMA CENTRALE

Dopo aver esaminato la riflessione sistematica di Sopoćko, procediamo costatando che il tema della misericordia attraversa, come un "fil rouge", tutta la Sacra Scrittura perché Dio, fin dall'inizio, si è rivelato come amore misericordioso, di fronte al peccato dell'uomo, non l'ha condannato per sempre, ma ha promesso di salvarlo e redimerlo, dandogli la possibilità di riacquistare la figliolanza divina. "Misericordia io voglio e non sacrifici" (*Mt* 9, 13). Dio vuole, anzi pretende la misericordia perché è misericordia da sempre, dall'eterno, "eterna è la sua misericordia". Così il popolo d'Israele ha continuamente fatto esperienza che il Signore è "misericordioso e pietoso, lento all'ira e grande nell'amore" (*Sal* 103, 8).

in "Wiadomości Duszpasterskie", 6(1949); *Miłosierdzie Serca Konającego* [*La misericordia del Cuore morente*], AZSJM, 1950; *Miłosierdzie a sprawiedliwość Boża. Rozważania o Bożym Miłosierdziu* [*La misericordia e la giustizia di Dio - meditazione sulla misericordia*], in "WA", 6(1950); *Serce Jezusa wzorem miłości ku Matce* [*Il Cuore di Gesù, l'esempio dell'amore verso sua Madre*), "WA", 6(1951), *Serce Jezusa ujawnieniem Miłosierdzia Bożego* [*Il cuore di Gesù che rivela la misericordia di Dio*], in "Wiadomości Duszpasterskie", 4(1952); *Serce Jezusa wzorem roztropności i prostoty* [*Il cuore di Gesù l'esempio della saggezza e della semplicità*], in "Wiadomości Duszpasterskie" 2(1953); *Godzina święta i Nowenna o Miłosierdzie Boże nad światem* [*L'ora santa e la novena che implora la misericordia di Dio*], Lublin 1949; *Miłosierdzie Boże i ludzkie* [*La misericordia di Dio e degli uomini*], in "Homo Dei", 20(1949), Kraków 1951; *Ufność a Miłosierdzie Boże* [*La fiducia e la misericordia di Dio*], in "WA", 7(1952); *La Misericorde de Dieu nous donne Marie comme Mere de Misericorde. Messager de la Misericorde Divine*, Parigi 1956; *The Mercy of God in his Works*, vol. 1, Stockbridge Mass. London 1962; *God is Mercy. Meditations on God's Most Consoling*, Stockbridge Mass. London 1965; *Duch liturgii Niedzieli II Wielkanocy* [*Lo spirito della liturgia della II domenica dopo Pasqua*], in "Duszpasterz Polski Zagranic", 2(1971).

[127] M. SOPOĆKO, *La vita religiosa*, AZSJM, Gorzów Wilekopolski, 13. 03. 1942; *Gesù confido in Te*, AZSJM, Gorzów Wilekopolski, 13. 03. 1942; *Il Santissimo Sacramento dell'Altare*, AZSJM, Gorzów Wilekopolski, 06. 08 1942; *Misericordia Dei confidentibus in Eum*, AZSJM, Gorzów Wilekopolski 1942; *Wspomnienia* [*Ricordi*], cap. I. , AZSJM; *List ks. Sopoćki do Prymasa kard. S. Wyszyńskiego z dn. 31 XII 1972 r.* [*La lettera di don Sopoćko al primate card. S. Wyszyński*], Aneks 3(copia), AAB, LXXIX 21, 1972; *Tutto è compiuto*, lettera I, AZSJM, Gorzów Wilekopolski, 9.04.1942; *Tutto è compiuto*, lettera II, AZSJM, Gorzów Wilekopolski, 9.04.1942; *List ks. Sopoćki do ks. Pełczyńskiego z dn. 27.02.1950 r.* [*La lettera di don Sopoćko a don Pełczyński*], AKAB, XIX; *List ks. Sopoćki do ks. Chróściechowskiego z dn. 07.01.1958* [*La lettera di don Sopoćko a don Chróściechowski*], AKAB, XIX; *List ks. Sopoćki do M. Optołowicza z dn. 27.09.1964 r.* [*La lettera di don Sopoćko a M. Optołowicz*], AKAB, XXXIX; *Dar Miłosierdzia. Listy z Czarnego Boru*, Edycja św. Pawła, Częstochowa 2008.

[128] *Dz.*, cap. 1, cit. p. 44.

Come vedremo più avanti, la misericordia del Padre si è incarnata e rivelata nel suo Figlio: Gesù di Nazareth è la misericordia di Dio in persona. In Gesù c'è la grazia di Dio, c'è tutta la misericordia, perché Lui, nel suo essere e nel suo agire, è tutta la misericordia di Dio. La misericordia incarnata diventa, per la mentalità di ieri e di oggi, un vero scandalo, un messaggio rivoluzionario nella predicazione di Gesù, come più avanti dimostrerà il Nostro[129], con la vicinanza ai peccatori, ai poveri, agli afflitti. Dio rivoluziona il suo volto, si auto-dichiara e si mostra "solo misericordia". Di fatto, il Vangelo, con l'insegnamento di Gesù, non è mai "dottrina", ma sempre un evento che educa alla scoperta (o alla riscoperta), legata all'epifania della misericordia del Padre. Gesù educa a credere nel Padre "suo": se è vero che la misericordia è solo di Dio, essa deve diventare di Gesù, per partecipazione e per missione di tutta la Chiesa. Ora, passiamo all'analisi della misericordia in Sopoćko, secondo alcuni temi riguardanti il più grande attributo (perfezione) di Dio. È opportuno lasciare spazio alla "nuova", più "aggiornata" e "attualizzata" riscoperta della "visione di Dio misericordioso", che implica sicuramente una revisione sistematica del concetto di Dio.

3.1 LA MISERICORDIA, PERFEZIONE FONDAMENTALE DEL CREATORE

Secondo la testimonianza di tutta la Scrittura, sia dell'Antico come del Nuovo Testamento, la misericordia di Dio è la perfezione più grande di Dio, che occupa il primo posto nella divina autorivelazione storica. Perciò, Sopoćko sin dall'inizio dei suoi studi, in una delle sue prime riflessioni teologiche (1941)[130], sostiene che la misericordia non può essere solo una proprietà divina accanto alle altre, meno che mai un attributo (proprietà) posposto a quelli derivanti dall'essenza di Dio e quindi menzionato solo come una perfezione divina marginale. La Bibbia, infatti, dichiara questa realtà nella lettera ai Romani:

[129] M. SOPOĆKO, *The Mercy of God in his Works*, pp. 30-35.
[130] M. SOPOĆKO, *De misericordia Dei*, pp. 5-8.

> «Poiché ciò che si può conoscere di Dio è loro manifesto, Dio stesso l'ha manifestato a loro. Infatti, le sue perfezioni invisibili, ossia la sua eterna potenza e divinità, vengono contemplate e comprese dalla creazione del mondo attraverso le opere da lui compiute. Essi dunque non hanno alcun motivo di scusa» (*Rm* 1,19-20). «Dio ha racchiuso tutti gli uomini nella disobbedienza per fare a tutti misericordia» (*Rm* 11,32).

Costatiamo che la misericordia è piuttosto il lato visibile ed efficace verso il mondo e verso l'esterno dell'essenza di Dio, che è amore (cf. *Gv* 4,8-16); essa esprime: - l'essenza di Dio benignamente disposta verso il mondo, verso gli uomini e storicamente piena di premure per essi; - la sua specifica bontà e il suo specifico amore misericordioso. San Tommaso afferma che la misericordia è la *caritas operativa et effectiva*[131] di Dio, perciò possiamo definirla la sua perfezione fondamentale.

Nella riflessione del teologo, la misericordia è intimamente e indissolubilmente collegata con le altre perfezioni di Dio, in particolare con la giustizia, con la santità, la fedeltà e la verità. Essa come una "luce bianca" è inserita nei sette colori dell'"arcobaleno," cioè nelle altre perfezioni divine, che contemporaneamente costituiscono un tutto unitario e ne esprimono qualche aspetto. Perciò il Nostro scrive:

> «Se non avessimo mai visto la luce bianca e se la conoscessimo attraverso i sette colori dell'arcobaleno, non potremmo conoscere il bianco. Similmente, da soli non possiamo farci un'idea sull'Essenza Divina, ma possiamo unicamente conoscere la sua perfezione che le creature ci dimostrano nello stato di moltitudine e divisione, mentre in Dio esse costituiscono un'unità assolutamente semplice. Dio - in quanto essere perfettissimo - è lo spirito più puro e più semplice, che non racchiude in sé nessun elemento costitutivo»[132].

Sopoćko, ad un certo punto, compie un'operazione interessante, menziona in ordine le seguenti proprietà: bontà, saggezza, provvidenza giustizia, pazienza, pietà,

---

[131] TOMMASO, *Summa theologiae* I, q. 21 a. 3: *Misericordia est deo maxime attribuenda: tamen secundum effectum, non secundum passionis affectum.*
[132] M. SOPOĆKO, *Miłosierdzie Boga w dziełach Jego*, vol. I, cit., p. 49.

mitezza.[133] Il dato gli consiglia di trattare la misericordia non come un'appendice del trattato sulle perfezioni di Dio, ma di fare di essa il loro centro, organizzando e raggruppando le altre attorno ad essa.

Sviluppando questo discorso, il teologo afferma che l'essenza di Dio non è composta, ma è perfettamente semplice; i nomi e le perfezioni supreme di Dio[134], coincidono in fondo con la sua essenza. La distinzione delle singole perfezioni vale solo per la nostra limitata capacità umana nella comprensione del mistero di Dio. Infatti, noi possiamo riconoscere di volta in volta solo gli aspetti dell'unica essenza divina, che risultano dalla relazione di Dio con il mondo o dagli effetti dell'azione divina nel mondo. In tal senso la distinzione degli attributi di Dio ha il fondamento solo in Dio stesso.

Pertanto la definizione della misericordia in Sopoćko, come la più grande perfezione fondamentale del Creatore, genera alcune conseguenze nell'approfondimento del rapporto che esiste tra la misericordia, la giustizia e l'onnipotenza di Dio. Se, dunque, la misericordia di Dio è la più grande perfezione fondamentale di Dio, allora essa non può essere un'attenuazione della giustizia, ma bisogna piuttosto concepire la giustizia divina, partendo dalla misericordia. Effettivamente, il culmine della lettera ai Romani sta proprio in questa rivelazione. I giudei pensavano di procurarsi la giustizia con le loro opere e la pratica della legge. Paolo dichiara che anch'essi sono peccatori e quindi anch'essi hanno bisogno della misericordia mediante la giustizia della fede. La misericordia di Dio, come afferma il teologo polacco, è allora la giustizia specifica di Dio[135]. Uno dei salmi esattamente canta il Dio giusto come il Dio misericordioso (cf. *Sal* 116,5).

Importante è tener presente anche la posizione centrale della misericordia, che risulta dal rapporto tra misericordia e onnipotenza di Dio. Essa si manifesta soprattutto nella misericordia e nel perdono[136]. Essa è l'onnipotenza del suo amore e della sua

---

[133] M. SOPOĆKO, *De misericordia Dei*, pp. 6-9; *Poznajmy Boga w Jego Miłosierdziu*, pp. 22-25; *Miłosierdzie Boga w dziełach Jego*, vol. I, pp. 13-14.
[134] M. SOPOĆKO, *Poznajmy Boga w Jego Miłosierdziu*, p. 23; *Miłosierdzie Boga w dziełach Jego*, vol. I, pp. 49,50.
[135] *Ibid.*, p. 18; cf. J. Cambier e X Léon - Dufour in *Dizionario di Teologia biblica*, Torino 1994, p. 705.
[136] TOMMASO, *Summa theologiae* I, q. 25 a. 3 ad 3; II-II, q. 30 a. 4.

misericordia. Le opere di Dio della creazione fanno vedere chiaramente l'eterna onnipotenza e la sua divinità. Tali verità sono chiaramente visibili quando gli uomini si trovano nei momenti di grande difficoltà, si rivolgono a Lui, perché sanno che solo Dio è divino e tanto potente da poterli salvare dal pericolo[137].

La perfezione fondamentale di Dio, che trasforma tutto e che manifesta l'onnipotenza di Dio, è la misericordia di Dio. Essa è un motivo di eterna gioia anziché di terrore. La misericordia fa diventare la sua potenza un'immensa, eterna benedizione, anziché qualcosa da cui fuggire. Essa fa sì che la potenza di Dio diventi la nostra forza e la nostra protezione, rendendo sicura la nostra speranza[138].

Consideriamo che santa Teresa di Lisieux, venerata come dottore della Chiesa, che non ha mai scritto un trattato di teologia, attraverso l'infinita misericordia di Dio, contemplava e pregava le altre perfezioni che irradiavano amore[139]. La figlia spirituale di Sopoćko, santa Faustina Kowalska, ha messo in risalto la misericordia come l'attributo (proprietà) fondamentale di Dio ed è riuscita a influenzare, attraverso il beato Giovanni Paolo II, il pensiero teologico del XXI secolo. Infine non possiamo dimenticarci di Yves Congar, a cui dobbiamo un'interpretazione della misericordia in san Tommaso d'Aquino, il rappresentante indubbiamente più importante della tradizione scolastica. I suoi studi dimostrano che anche Tommaso tendeva a concepire il mistero di Dio come amore misericordioso. Congar ci suggerisce di delineare un'ontologia dell'amore[140]. Infatti, come ci dice anche Sopoćko, se Dio è la realtà che tutto determina, allora dall'affermazione "Dio è misericordioso" deriva che l'amore è il senso ultimo della realtà. Tutto inizia nell'amore e si trasforma nella

---

[137] Sopoćko nella sua ricerca sistematica elabora varie parole bibliche che vengono tradotte con "misericordia". Una delle parole ebraiche tradotta con misericordia (il verbo *chanan* - nei LXX talvolta *eleêin*) è una parola che esprime il profondo amore di Dio verso qualcuno che non merita quell'amore. Quest'amore profondo non è solo un sentimento, ma è piuttosto un amore che produce un impegno per il bene di colui che è amato. È importante capire che quest'amore non dipende minimamente dal merito o dalle qualità di colui che è amato, perché chi riceve la misericordia in realtà merita solo il male, non il bene. L'amore di Dio che produce la sua misericordia ha origine in Dio. Quindi, è un amore non meritato che produce un impegno per il bene della persona amata; M. SOPOĆKO, *Błogosławiony Ksiądz Michał Sopoćko*, p. 212.

[138] M. SOPOĆKO, *Miłosierdzie Boga w dziełach Jego*, vol.I, pp. 276-277.

[139] TERESA DI GESU' BAMBINO, *Opere complete*, L.E.V., Città del Vaticano 2010, p. 54; M. SOPOĆKO, *Miłosierdzie Boga w dziełach Jego*, vol.I, p. 43.

[140] Y. CONGAR, *La miséricordie. Attribut souvrain de Dieu*, in "Di Jean-Claude Sagne", *La maternité spirituelle de Marie: Femme, voici ton fils*, Ed. de l'Emmanuel, Paris 2006, pp. 380-395.

misericordia (il fiore di Dio è l'amore che si trasforma nel frutto infinitamente buono che è misericordia)[141].

3.2 LA MISERICORDIA, MISTERO INSONDABILE DELLA TRINITÁ

Fin dal 1936, il teologo inizia la riflessione sistematica sulla Trinità[142], leggendola nella chiave della misericordia, poi prosegue fino all'anno 1962 contribuendo al suo notevole sviluppo[143], come vedremo successivamente.

Costatiamo che essa si svolge in un tempo lungo, però sicuramente non è la medesima ripetizione delle argomentazioni già conosciute, ma un'interpretazione della creazione e della storia della salvezza dal punto di vista della misericordia[144], con l'aggiunta dell'approfondimento dell'essenza di Dio[145], Il tentativo di concepire la misericordia di Dio, come mistero insondabile della Trinità, potrebbe apparire a prima vista a più d'uno come un'impresa difficile. La professione della fede nel Dio unitrino sembrerebbe un mistero irraggiungibile, di cui non si sa che farsene e che non ci aiuta a comprendere meglio la misericordia divina. Il teologo, invece, elaborando il mistero della misericordia nella Trinità[146], chiamandolo *il buio pieno di*

---

[141] M. SOPOĆKO, *Poznajmy Boga w Jego Miłosierdziu*, pp. 21-22; pp. 143-144.

[142] M. SOPOĆKO, *Miłosierdzie Boże. Studium teologiczno – praktyczne* [*Misericordia di Dio. Lo studio teologico-pratico*].

[143] M. SOPOĆKO, *Miłosierdzie Boga w dziełach* Jego, vol. I, Rzym 1962.

[144] Non possiamo dimenticarci che Sopoćko fu vittima dell'occupazione nazista e costretto a nascondersi presso le Suore Orsoline a Czarny Bór (1942-44), dove aveva molto tempo a disposizione per riflettere e scrivere: H. CIERESZKO, *Życie i działalność Księdza Michała Sopoćki (1888-1975)*, p. 309. Allora il Nostro ricercò nuove categorie del pensiero teologico, scoprì itinerari metodologici sconosciuti, tese instancabilmente verso l'orizzonte della misericordia di Dio. "Già da due settimane mi sono trovato in disparte, secondo la volontà di Dio, vicino alla natura - il libro vivente - dal quale sto leggendo e lodando l'infinita misericordia di Dio"; cf. M. SOPOĆKO, *Dar Miłosierdzia - listy z Czarnego Boru*, p. 13. I passi fondamentali della teologia dogmatica di Sopoćko, in linea storico - analitica, hanno aperto nuovi orizzonti metodologici ed esperienziali, che hanno dato un valido contributo alla ricerca di "nuove categorie" del pensiero e della vita sul tema in questione. Egli costruì "l'originale metodo della misericordia di Dio come modello esemplare dell'apostolato". Il teologo polacco spiega la sequela di Dio, ricco di misericordia, alle persone dedite all'azione dell'apostolato. La misericordia si doveva dimostrare concretamente nel rispetto reciproco delle differenze religiose, della libertà altrui e nell'identificazione delle cause principali dell'incredulità, cioè nella vita concreta. Di fronte ad una persona che si è allontanata da Dio e che ha peccato, non si può imporle solo il peso morale della colpa, ma bisogna aiutarla ad incontrare Dio, sempre pronto al perdono e a donare la Grazia in abbondanza; M. SOPOĆKO, *Projekt Konstytucji Miłosierdzia Bożego*, dattiloscritto, AKAB, VII 9.

[145] H. CIERESZKO, *Życie i działalność Księdza Michała Sopoćki (1888-1975)*, p. 146.

[146] Il Nostro, uomo di vasta cultura, elaborando il concetto di misericordia, consultava in continuazione le opere ed i trattati di sant'Agostino. Il suo pensiero teologico più maturo si presenta sia nell'ottica delle idee di Agostino, sia nei testi dogmatici (M. SOPOĆKO, *Miłosierdzie Boże nadzieją ludzkości*, Wrocław 1948, pp. 8-9: *Miłosierdzie Boże*

luce,[147] parte dal concetto affermativo che Dio esiste[148], nota che la parola יהוה è presente in tutte le lingue del linguaggio umano e che l'idea di Dio c'è già dentro di noi, però molto "annebbiata", come si desume dal seguente testo.

«I pensieri umani che riguardano Dio sono molto annebbiati. Se non avessimo mai visto il sole, ma soltanto lo giudicassimo dalla luce che si vede in un giorno nuvoloso, non saremmo in grado di farci una giusta concezione sulla sorgente della luce del giorno (...). Non c'è modo di approfondire tutte le perfezioni che riguardano l'essenza di Dio: esse sono molteplici e difficili da conoscere. Tra tutte queste perfezioni, il Signore Gesù ne sottolinea una, per la quale, come da una fonte, scaturisce tutto quello che ci succede sulla terra e nella quale Iddio vuole essere glorificato per tutta l'eternità: é la misericordia di Dio. *Siate misericordiosi, come è misericordioso il Padre vostro* (*Lc* 6,36)»[149].

Il nostro pensare Dio, come afferma Sopoćko nelle prime ricerche dogmatiche[150], sicuramente è molto impreciso e imperfetto[151], anche perché "nessuno ha mai visto Dio" (*Gv* 1,18). La verità è che sulla terra non possiamo creare un concetto preciso su di Lui, come, altronde diceva l'apostolo Paolo:

---

jedyna nadzieja ludzkości, Londyn 1949, pp. 10-11), negli articoli, nelle conferenze teologiche (H. CIERESZKO, *Ksiądz Michał Sopoćko Apostoł Miłosierdzia Bożego*, Wydawnictwo WAM, Kraków 2004, p. 15), nel "Diario" (M. SOPOĆKO, *Beato don Michele Sopoćko - Diario*, pp. 269-270) e nelle omelie (M. SOPOĆKO, *Kazania o Miłosierdziu Bożym* [*Le omelie sulla misericordia di Dio*], Kuria Metropolitalna Białostocka, Białystok 2008, p. 71). Un primo elemento da evidenziare in questo incontro è la scoperta del rapporto tra ricerca di Dio e dottrina trinitaria in sant'Agostino. Sopoćko era convinto che non si potesse comprendere la dottrina sulla Trinità in sant'Agostino, senza contestualizzare il senso della sua ricerca del Dio di Cristo Gesù, pena il ridurre la dottrina trinitaria ad aride formule tecniche astratte. Il Nostro scopre che il principio architettonico della teologia di Agostino va individuato nel *cristocentrismo*. Il *Cristus totus*, come mistero di salvezza che si rivela a noi nell'umiliazione storica, apre la strada al Dio trinitario: "Il mistero della Trinità può essere dischiuso solo a partire dal *sacramentum Cristi*". Un secondo elemento da sottolineare è la svolta di un'operazione della conoscenza di Dio connessa alla ragione, con sottofondo la dottrina agostiniana che troviamo nell'opera intitolata: *Possiamo conoscere Dio nella Sua misericordia* (1949). "Dopo il peccato originale, la ragione imperfetta difficilmente comprende la verità, in particolare la suprema verità su Dio"; M. SOPOĆKO, *Poznajmy Boga w Jego Miłosierdziu*, p. 17.

[147] M. SOPOĆKO, *Miłosierdzie Boga w dziełach Jego*, vol. I, cit. p. 53.

[148] M. SOPOĆKO, *Poznajmy Boga w Jego Miłosierdziu*, p. 171.

[149] M. SOPOĆKO, *Miłosierdzie Boga w dziełach Jego*, vol. I, cit. p. 49.

[150] Per parola sistematica, che si va sostituendo alla dogmatica, s'intende una scienza sintetica che leggendo la scrittura, facendola risuonare nella tradizione e nel magistero attraverso le scienze umane, fa parlare la teologia nel linguaggio odierno. In questo esistono più teologie, che s'integrano tra di loro, il Cristo è solo uno, ma ci sono più cristologie.

[151] M. SOPOĆKO, *Poznajmy Boga w Jego Miłosierdziu*, p. 18; *Miłosierdzie Boże wzgledem grzeszników*, artykuł, AZSJM, Myślibórz 1948, pp. 104-105; *Miłosierdzie Boga w dziełach Jego*, vol. I, pp. 52-53.

«Adesso vediamo come in uno specchio, in immagine; ma allora vedremo faccia a faccia. Adesso conosco in parte, ma allora conoscerò perfettamente, come perfettamente sono conosciuto» (*1 Cor* 13,12).

Il testo mette in luce che Dio si può conoscere attraverso il riflesso della sua bontà e misericordia nello specchio delle cose create[152]. Il Nostro lo chiama: "lo specchio orizzontale, nel quale a volte si vedono solo le sfumature o le ombre delle cose create che conservano la dimensione del mistero"[153].

Consideriamo che negli ultimi decenni, nella teologia cattolica, così come in quella evangelica, si è verificato, anche in seguito a stimoli provenienti dalla teologia ortodossa, un cambiamento interessante, che ha portato a riscoprire il mistero della Trinità e a riconoscere che essa costituisce la chiave per comprendere la fede cristiana[154]. Potremmo dire che la dottrina della Trinità, indubbiamente, non intende sostenere l'affermazione contraddittoria che uno è uguale a tre e che un'unica e medesima realtà può essere, sotto il medesimo aspetto, una e nello stesso tempo trina.

Una volta chiarita quest'affermazione, Sopoćko nota che la dottrina trinitaria è piuttosto l'accurata spiegazione contenuta, nella prima lettera di Giovanni, nella quale il Nuovo Testamento riassume, ancora una volta, tutto il proprio messaggio dando la pienezza del quadro sulla misericordia di Dio che è "l'eterna verità": "ó θεός ἀγάπη ἐστίν" (*1 Gv* 4,8.16)[155]. Da questa proposizione non è certo possibile dedurre la professione di fede nella Trinità, né essa può essere risolta in una verità razionale. Essa, però, può essere concepita, nel significato dell'assioma *fides querens intellectum.* La fede che cerca di comprendere non è in sé una proposizione contraddittoria, ma è "una verità eterna"[156] di fede, dotata di senso ad essere fatta oggetto, sempre alla luce della fede, di un tentativo di maggiore comprensione[157].

---

152 *Ibid.*, cit., p. 49.
153 *Ibid.*, cit., p. 57.
154 Cf. K. KASPER, *Der Gott Jesu Christi*, Mainz 1982, pp. 31-38.
155 M. SOPOĆKO, *Gods is Mercy. Meditations on God's Most Consoling Attribute*, Stockbridge 1965, p. 9.
156 *Ibid.*, pp. 9-10.
157 M. SOPOĆKO, *Błogosławiony Ksiądz Michał Sopoćko - Dziennik*, q. III, p. 185.

La figlia spirituale del Nostro, santa Faustina nel "Diario" scrive che: "Dio è amore e misericordia"[158], sottolineando che qui si "tocca" l'incomprensibile mistero della Trinità. Cercando di avvicinarsi a quel mistero, continua a dire: "La misericordia è il fiore dell'amore; Dio è amore, la misericordia è la sua opera, nell'amore opera, nell'amore si svela"[159]. Il concetto della misericordia comprende la verità sull'amore di Dio. Le due nozioni non sono staccate, ma formano un'inseparabile unità, sono due aspetti dell'unica realtà. L'amore costituisce la sorgente, la fortezza e l'ispirazione della misericordia, dando la possibilità di una realizzazione concreta all'operare. L'amore irraggiungibile si lascia catturare nella misericordia di Dio[160].

Sopoćko, paragonando queste due perfezioni, riflette innanzitutto sul termine "amore" dandogli la definizione di "aspirazione verso il Sommo Bene". Quest'aspirazione può essere "naturale" cioè, precisa, "attraverso i sensi" o "intellettuale", per il tramite dello spirito.[161] Proseguendo, distingue l'amore in tre significati; "amore dell'ispirazione", "amore gratuito" e "amore passionale," che può definirsi passionalità verso una cosa o una persona, cioè un interesse nei confronti di chi si ama, finalizzato al bene. Utilizzando il metodo della negazione, esclude in Dio questo tipo d'amore, perché Egli è autosufficiente e *aseitas* (l'essere di per Sé), non riceve alcun profitto amando le creature[162].

Se Dio è amore, allora la sua essenza più intima può essere approssimativamente comprensibile, in analogia all'amore umano. In questa tesi il teologo si richiama ad un principio: Dio ama non soltanto in generale tutti, ma soprattutto personalmente, esclusivamente; come se il singolo fosse l'unica esistenza umana. Dio ama ciascuno di noi personalmente nelle sue opere (attraverso la misericordia), però, in modo ancora più evidente, si rivela nell'offerta di suo Figlio. L'offerta del Figlio significa che l'uomo è il fine del suo amore[163]. Si tratta

---

[158] Cf. F. KOWALSKA, *Diario - la misericordia divina nella mia anima*, n°1, 29, 159, 197, 278, 281, 302, 328, 408, 469, 589, 658, 718, 751,815, 853, 1682, 1823.
[159] *Ibid.*, cit., n° 651.
[160] Cf. H. WEJMAN, *Zbawcza wartość duchowości miłosierdzia*, Poznań 1999, p. 31.
[161] M. SOPOĆKO, *Miłosierdzie Boże nadzieją ludzkości*, Wrocław 1948, p. 13; *Misericordia Divina unica speranza per il genere umano*, Cordoba 1951, 1953, Roma 1954, 1956, Udine 1954.
[162] M. SOPOĆKO, *Poznajmy Boga*, p. 21-25.
[163] Cf. M. SOPOĆKO, *Serce Jezusa a Miłosierdzie Boże*, p. 46.

ovviamente di un'analogia, nella quale la dissomiglianza è sempre più grande di qualsiasi somiglianza. Dall'essenza dell'amore umano, infatti, deriva il fatto di dare all'altro non solo qualcosa, ma di comunicargli il dono di se stessi. Il donatore, mentre si dona, si spoglia nello stesso tempo di sé; egli dà se stesso. Tuttavia, mentre nel dono e col dono dà se stesso, rimane ugualmente se stesso, anzi trova proprio nell'amore il proprio compimento[164].

Consideriamo che il discorso teologico del Nostro sul concetto di Dio sia anche un ragionamento filosofico, ontologico (cioè comprende i "caratteri universali dell'essere") e metafisico (riguarda i "principi primi"). Dio viene concepito come l'Essere: senza l'inizio e senza la fine; colui che possiede il "pensiero puro (ragione)" e la Volontà perfetta (superiore), entrambi strettamente uniti alla misericordia (uscire *ad extra* dall'essenza di Dio); che si distingue da tutti gli spiriti, le creature e dal mondo della materia; che regge gli altri esseri spirituali e materiali; che si relaziona con le creature tramite il mediatore (il Cristo) per farle uscire dalla "condizione di miseria"; Spirito puro ed universale; Saggezza eterna, l'unica Verità capace di amare sempre senza limiti e di lasciarsi amare ecc.[165] In effetti, il teologo nell'argomentazione evidenzia Dio Padre come la fonte e l'origine della misericordia, l'iniziativa della misericordia originaria, l'origine del dono. Il Padre nella sua teologia è caratterizzato dal verbo "donare", "dare", mentre il Figlio è colui che "riceve". La grande metafora di Padre e di Figlio richiama proprio questa realtà: il Padre è colui che dà la vita, il Figlio è colui che la riceve. Non c'è Padre senza

---

[164] JEAN-LUC MARION professore all'Università *Paris IV- Sorbonne* e all'*University of Chicago*, è noto per il suo pensiero filosofico che si muove nell'ambito della fenomenologia. Marion nella fenomenologia è davvero originale. In tale direzione si muove nel suo lavoro e raccoglie contributi in parte inediti di quest'ultimo decennio. Il filo conduttore è ben individuato dalla coppia concettuale del titolo: visibile-rivelato. I termini lasciano intuire la provocazione di Marion alla fenomenologia: pensare la Rivelazione in termini non metafisici. Nel terzo capitolo, «La teologia tra metafisica e fenomenologia», analizza la fine della metafisica, la morte di Dio inteso come fondamento ultimo, la svolta della fenomenologia che si colloca oltre la metafisica. Convinto che la filosofia non può dimenticare il pensiero razionale su Dio pena la perdita della propria dignità, Marion indica la nuova via che la fenomenologia apre alla filosofia. In particolare tratteggia la figura fenomenologica di Dio inteso come ente- d(on)ato per eccellenza, come *ente-abbandonato*, opposta alla figura metafisica di un Dio *causa sui*. La fenomenologia individua questo fenomeno saturo come possibilità di presentarsi e non il suo essere ente-d(on)ato di fatto. Qui si ferma l'analisi fenomenologica: «Il compimento intuitivo di questo ente-d(on)ato chiede l'esperienza reale della sua donazione - analisi che spetta alla teologia rivelata» A quest'ultima, poi, spetta anche il compito d'identificare la donazione con un volto, assegnare un volto all'ente-d(on)ato: J. L. MARION, *Il visibile e il rivelato*, Jacka Book, Milano 2007, p. 88.

[165] M. SOPOĆKO, *Miłosierdzie Boga w dziełach Jego*, vol. I, cit. pp. 52-53.

Figlio: sono concetti relativi, non assoluti[166]. Precisamente, uno non può essere chiamato "padre" se non ha un "figlio" e chiamando uno "figlio", necessariamente si richiede che ci sia un "padre". Ecco la relazione fondamentale delle Persone in Sopoćko: Dio è Padre in quanto dà la vita ed è Padre "Eterno", cioè dall'eternità è Padre. Non ha cominciato ad essere Padre, ma da sempre è Padre[167]. Possiamo dire che il paragone con la nostra realtà umana pone un problema, nel senso che effettivamente un uomo diventa padre solo ad un certo momento della sua vita. Prima non lo era; solo quando gli nasce un figlio, diventa padre. Così il figlio, prima di essere nato non esiste. Il riferimento alla situazione dell'uomo ha prodotto molti errori nella storia della teologia, che sono le eresie trinitarie. Senza soffermarci su tutta questa problematica, sottolineiamo solo la verità di fede.

A differenza di ciò che succede agli uomini, Dio è Padre *ab aeterno*, dall'eternità; così come è Figlio *ab aeterno*; lo è di natura sua, non lo è diventato.

Nella sua tesi, il teologo polacco sostiene che Dio è misericordia in quanto Padre che dà la vita, che comunica l'essere, che dona se stesso, come prima azione. Costatiamo che la prima caratteristica della misericordia di Dio è l'iniziativa del "dare". Il Figlio, poi, è colui che riceve e risponde; mentre lo Spirito Santo è l'Amore stesso fatto Persona, che è l'unione del Padre e del Figlio. Il reciproco "amore relazionale"[168], che è uguale alla misericordia del Padre e del Figlio, procede in loro e da loro come Persona: il Padre e il Figlio "spirano" lo Spirito d'Amore che è a loro consustanziale[169].

Al termine, possiamo aggiungere che la dottrina trinitaria sicuramente non è un'appendice o addirittura un contraltare del monoteismo, ma è monoteismo

---

[166] Cf. M. SOPOĆKO, *Poznajmy Boga*, p. 21.

[167] M. SOPOĆKO, *Miłosierdzie Boga w dziełach Jego*, vol. I, pp. 72-76.

[168] L'XI Concilio di Toledo (675) precisò già con finezza: *Ciò che il Padre è, lo è non in riferimento a sé, ma in relazione al Figlio; e ciò che è il Figlio, lo è non in riferimento a sé, ma in relazione al Padre; allo stesso modo lo Spirito Santo, in quanto è predicato Spirito del Padre e del Figlio, lo è non in riferimento a sé, ma relativamente al Padre e al Figlio*: cf. H. DENZINGER, A. SCHÖNMETZER, *Enchiridion Symbolorum definitionum et declarationum de rebus fidei et morum*, Herder, Barcelona 1973, p. 528. Il Concilio di Firenze (1442) invece, affermò: *Queste tre Persone sono un unico Dio (...) perché dei Tre unica è la sostanza, unica l'essenza, unica la natura, unica la divinità, unica l'immensità, unica l'eternità; in Dio infatti tutto è una cosa sola, ove non c'è opposizione di relazione*": *ibid.*, cit., p. 1330.

[169] M. SOPOĆKO, *Poznajmy Boga*, pp. 20-24.

concreto:[170] Nella dottrina trinitaria, l'astratta definizione filosofica di Dio, secondo la quale Dio è l'essere stesso, viene concretizzata e meglio specificata. Essa dice: Dio è l'essere stesso che si comunica e si dona.[171] In Sopoćko il mistero fondamentale della fede è proprio l'Unità e la Trinità di Dio[172] ed è da questa verità fondamentale che deriva il secondo grande mistero della misericordia: l'incarnazione e la redenzione[173].

---

[170] Lo straordinario sviluppo della teologia trinitaria, nel XX secolo, corrisponde a *una più matura coscienza trinitaria di Dio*. Essa sembra costituire una vera e propria novità rispetto al recente passato "monoteista e non trinitario"- secondo l'osservazione acuta e problematica di Karl Rahner (1904-1984), il quale ha più volte richiamato l'urgenza di un richiamo alla memoria trinitaria di Dio, superando il suo oblio nella vita della fede e nella riflessione teologica. (È sembrato a Rahner che molti cristiani "nonostante la loro esatta professione della Trinità", fossero solo dei "monoteisti" nella pratica della loro vita religiosa): K. RAHNER, *Il Dio Trino come fondamento originario e trascendente della storia della salvezza*, in *Mysterium salutis*, vol. III, Queriniana, Brescia 1969, p. 404. Un "monoteismo indistinto o "un monoteismo debolmente cristianizzato" non rende infatti ragione della ricchezza storico-salvifica del Dio cristiano. D'altra parte, il disagio di un esilio trinitario durato troppo a lungo, ha lasciato sintomi chiari anche nel linguaggio comune: si parla di "Dio" che s'incarna, più che non del "Verbo", una delle persone della Trinità. Basti per tutti, in ambito cattolico, l'esempio del *Catechismo* di san Pio X, il quale segnala senza equivoci lo spiazzamento subito dal mistero trinitario. Alla domanda "Chi è Dio?", faceva rispondere: "Dio è l'Essere perfettissimo, Creatore e Signore del cielo e della terra," senza alcun accenno alla Trinità: cf. PIUS X, *Catechismo della dottrina cristiana pubblicato per ordine del Sommo Pontefice S. Pio X*, L.E.V., Città del Vaticano 1959, p. 12.

[171] W. KASPER, *Misericordia - Concetto fondamentale del vangelo - Chiave della vita* cristiana, pp. 142-143.

[172] Il punto di partenza è il termine Dio in persona e la relazione tra le persone: "l'Amante, l'Amato e l'Amore" (M. SOPOĆKO, *Poznajmy Boga w Jego Miłosierdziu*, p. 52.) Il teologo vede in sant'Agostino l'appoggio notevole e decide di esaminare le vie privilegiate per accedere a Dio. La via *ordinis* (AGOSTINO, *De libero arbitro*, 2, 16, 42-43; In *Joannem*, 2. Ser 141.), *partecipationis* (AGOSTINO, *De Trinitate*, 8, 3, 4-5.), *veritatis* (AGOSTINO, *De Trinitate*, 5, 1, 2-3.) che conduce alla contemplazione della Verità, non esaurisce il mistero, non lo cattura. Quando il Nostro trova nel *De Trinitate* un elenco dei dodici attributi, che lo spirito umano può dare a Dio e che vengono riletti nell'attributo degli attributi, cioè quello della *immutabilità* o *eternità* (AGOSTINO, *De Trinitate*, 5, 1, 2-3.), nota che essi non esauriscono la natura stessa di Dio (M. SOPOĆKO, *Poznajmy Boga w Jego Miłosierdziu* (*Conosceremo Dio nella Sua misericordia*), Wyd.awnictwo Pallottinum, Poznań 1949, p. 25.) e che non si tratta di una sostanza astratta, un'immobilità statica; insieme ad Agostino sostiene che non bisogna attribuire l'immutabilità all'essere, ma vedere l'essere nell'ordine dell'immutabilità (M. SOPOĆKO, *Miłosierdzie Boga w dziełach Jego*, vol. I, pp. 54-57; E. GILSON, *Introduction à l'ètude de Saint Augustin*, Paris 1949, p. 11.). Nel concetto della santissima Trinità, Sopoćko vede l'unicità della persona, due nature del Verbo incarnato, come principio di unità e di totalità: M. SOPOĆKO, *Miłosierdzie Boga w dziełach Jego*, vol. I, p. 50; M. SOPOĆKO, *Błogosławiony Ksiądz Michał Sopoćko - Dziennik*, p. 163. Sant'Agostino, invece, sempre ha avuto un atteggiamento di circospezione riguardo al termine "persona" e alla sua applicazione alla Trinità: A. MILANO, *La Trinità dei teologi e dei filosofi; l'intelligenza della persona in Dio*, in PAVAN-MILANO, *Persona e personalismi*, p. 48.

[173] M. SOPOĆKO, *Miłosierdzie Boga w dziełach Jego*, vol. I, p. 14.

3.3 L'AMORE CONSUSTANZIALE DI DIO UNO E TRINO DIVIENE MISERICORDIA

Il mistero dell'amore umano consiste nel fatto che se uno diventa una cosa sola con l'altro, può diventare pienamente se stesso ed arrivare alla perfezione. In sant'Agostino e san Bonaventura, il Dio buono è definito dal fatto di comunicare e donare se stesso - "*bonum est diffusivum sui*". Nella sua qualità di amore divino straripante, Egli è uno e nello stesso tempo trino, ha dall'eternità un amato e un con-amato ed è quindi Dio come Padre, Figlio e Spirito Santo. Dal punto di vista neotestamentario l'essere di Dio va più precisamente definito come essere trino nell'amore[174].

In Sopoćko, invece, la relazione distingue il Padre, il Figlio e lo Spirito Santo, ma rivolge, realmente e contemporaneamente, l'Uno verso l'Altro nel loro stesso essere. Le tre persone divine possiedono in se stesse tutte le ricchezze di luce e di vita della natura divina, con la quale esse s'identificano totalmente[175]. Dio uno e Trino è amore in se stesso. Non ha bisogno di nient'altro al di fuori di sé, proprio perché

---

[174] Cf. BONAVENURA, *Itinerarium mentis in Deum*, cap. VI, 1, in *Opere di san Bonaventura*, V/2, Città Nuova, Roma 1996.

[175] San Tommaso, nella *Summa Theologiae*, dove dedica tre questioni allo Spirito Santo, presenta lo Spirito Santo come Amore che il Padre e il Figlio hanno per la propria amabilità. Egli è perciò attento a distinguere in Dio l'unità dall'essenza. Sopoćko riproponeva nelle sue *opere*, nelle *omelie*, nelle *lettere*, e in diversi articoli, attraverso l'unità della consonanza o dell'amore donato dallo Spirito, la distinzione tra *Amore essenziale* riferito alle Tre della Trinità e *Amore personale* attribuito specialmente alla Terza Persona. Il Nostro teologo adatta la visione di Tommaso all'importanza della figura dello Spirito Santo (Amore) che sta all'origine dei doni divini, nell'economia salvifica - principio della vita divina *ad extra*: M. SOPOĆKO, *Miłosierdzie Boga w dziełach Jego*, vol. III, p. 28; *S. Th.* I, q. 38 a. 2. Infatti, in Dio c'è amore, l'amore riguarda il bene in generale, posseduto o non posseduto. Perciò l'amore naturale è il primo atto della volontà e dell'appetito. Per questo tutti gli altri moti dell'appetito suppongono l'amore, quale prima radice. Non si desidera altro, infatti, se non il bene di chi si ama, né si gioisce che del bene amato; TOMMASO, *Summa Theologiae*, II, XX, *De amore Dei.* Quest'incontro per la teologia di Sopoćko è davvero significativo, egli riesce a coniugare insieme *persona con relazione.* La relazione in Dio costituisce una persona quando è opposta e incomunicabile. Riferendosi a Dio si può affermare che in lui vi sono tre persone e nello stesso tempo si può asserire che *Dio è un essere personale*; M. SOPOĆKO, *Poznajmy Boga w Jego Miłosierdziu*, pp. 51-53. San Tommaso riteneva che è bestemmia concepire Dio Onnipotente alla maniera dispotica degli uomini. La fede cristiana legge l'attributo dell'onnipotenza, coniugandolo alla luce della paternità di Dio. Onnipotenza e paternità si fondono insieme. L'onnipotenza divina si esercita generando il Figlio in pienezza fino al supremo sacrificio del Calvario e all'aurora della mattina di Pasqua. Ciò che affascina il Nostro in Tommaso è che Dio non è un tiranno, è spazio di libertà per l'uomo, perciò è opportuno specificare sempre che ci troviamo di fronte ad un'*Onnipotenza nell'amore.* Il senso dell'onnipotenza di Dio passa attraverso l'abbassamento - umiliazione (*kenosis*) del Figlio (*Fil* 2,6-8). L'onnipotenza di Dio è l'onnipotente, vittoriosa debolezza dell'Amore; M. SOPOĆKO, *Poznajmy Boga w Jego Miłosierdziu*, p. 68; *Miłosierdzie Boga w dziełach* Jego, vol. II, p. 219; *Zaufałem Twojemu Miłosierdziu. Myśli na każdy dzień* [*Confido nella tua misericordia*], Ed. Świętego Pawła, Częstochowa 2004, p.12.

è una "comunità dell'amore", che vive perfettamente la relazione tra il Padre e il Figlio nello Spirito Santo[176]. Il teologo la definisce "relazione perfetta" che, in forza dello slancio vitale trinitario, essa si fa l'una incontro all'altra, in una comunione nella quale la totalità della Persona è apertura all'altra ed è paradigma supremo della sincerità e libertà spirituale, a cui devono tendere le relazioni interpersonali umane, sempre assai lontane dal modello trascendente [177]. Possiamo, quindi, affermare che la Trinità è assoluta unità, in quanto le tre divine Persone sono relazionalità pura. La trasparenza reciproca tra le Persone divine è piena e il legame dell'una con l'altra totale, perché costruisce un'assoluta unità e unicità. Dio vuole associare tutti gli uomini a questa realtà di comunione, perché siano come una cosa sola (cf. *Gv* 17, 22)[178].

La teologia del Nostro nell'evolversi, propone due operazioni o grandi capitoli, che si possono catalogare in: *ad intra* e *ad extra*. Dio è amore al proprio interno, nella vita intratrinitaria - *ad intra*; Dio è misericordia uscendo da sé, creando il mondo e guidando la storia *ad extra*. Effettivamente, noi abbiamo esperienza solo delle operazioni di Dio verso l'esterno, cioè della creazione, della natura che possiamo vedere e studiare, della storia che viviamo e studiamo. Ma è molto rivelante ricordare che la creazione e la storia hanno senso perché derivano da Dio[179].

Ovviamente Dio non ha creato il mondo, perché aveva bisogno del mondo, né dell'universo, né dell'umanità; non ha creato per bisogno, ma per amore, per misericordia. Dio non ha scelto un popolo e non è intervenuto nella storia degli uomini, perché aveva bisogno degli uomini, ma per pura gratuità ed assoluta generosità. Egli è all'origine di tutto, è misericordia perché può dare senza chiedere niente in cambio, perché non ha bisogno di niente. È perfetto e pienamente realizzato in sé. Dio è misericordia in quanto Padre, relazionato al Figlio, in quanto Figlio al Padre, in quanto Spirito al Padre e al Figlio. Dio misericordia, in quanto relativo al mondo, ha effuso il suo amore sulle creature. La misericordia è la relazione tipica di

[176] M. SOPOĆKO, *Miłosierdzie Boga w dziełach Jego*, vol. I, p. 13.
[177] M. SOPOĆKO, *Poznajmy Boga*, pp. 21-25.
[178] Cf. BENEDETTO XVI, *Caritas in Veritate*, L.E.V., Città del Vaticano 2009, pp. 91-92.
[179] Cf. M. SOPOĆKO, *Miłosierdzie Boga w dziełach Jego*, vol. I, p. 59.

Dio con l'uomo, creato a immagine di Dio; l'uomo creato è capace di conoscere Dio, di amare Dio, di entrare in relazione con Lui.

Solo se in se stesso l'amore si comunica, Dio può poi comunicarsi anche all'esterno, come colui che da sempre è. Se Egli non fosse autocomunicazione in se stesso, la sua autocomunicazione verso l'esterno sarebbe il divenire di se stesso e la sua autorealizzazione. Dio diventerebbe allora quel che solo sarebbe attraverso la sua autorivelazione. La teologia sarebbe allora teogonia, come quella che conosciamo dai miti. Se fosse così, la rivelazione della sua misericordia non sarebbe un libero evento gratuito, ma il processo necessario dell'autoinveramento di Dio. Solo se Dio è amore in se stesso, la sua autorivelazione è un dono inconcepibilmente libero e gratuito del suo amore[180]. Per concludere, possiamo dire che la Trinità di Dio è pertanto l'intimo presupposto della sua misericordia, così come viceversa la sua misericordia è rivelazione e specchio della sua essenza. Nella misericordia di Dio si rivela e si rispecchia l'amore eterno che si autocomunica l'amore del Padre, Figlio e Spirito Santo[181].

3.4 LA MISERICORDIA NELLO SPIRITO SANTO

Nell'elaborazione di questo tema, non è difficile capire che il pensiero del teologo è fondamentalmente biblico. La sua riflessione pneumatologica, che inizia dai due brani appena citati e si concentra sull'unica idea che "lo Spirito Santo è protagonista di tutta la storia della salvezza", si svolge in modo organico e consequenziale[182]. Tanto è vero che ogni qual volta Dio interviene nella storia del suo popolo per liberarlo e per mostrargli il compimento delle sue promesse, è sempre accompagnato dallo Spirito. È in forza della sua potenza che vengono vinte le battaglie; alla stessa stregua, è la sua forza che trasforma gli uomini, permettendo loro

[180] W. KASPER, *Misericordia - Concetto fondamentale del vangelo - Chiave della vita cristiana*, p. 143.
[181] Cf. K. KASPER, *Der Gott Jesu Christi*, pp. 420-425.
[182] Cf. M. SOPOĆKO, *Poznajmy Boga w Jego Miłosierdziu*, p. 66: *Miłosierdzie Boga w dziełach Jego*, vol. III, pp. 122-123.

di adempiere la missione ricevuta e gioire per la misericordia ricevuta[183]. Una delle più significative definizioni del Nostro dice:

> «Lo Spirito Santo è l'amore reciproco tra Dio Padre e Dio Figlio, il quale trova la massima espressione nella Terza Persona della Santissima Trinità uguale al Padre e al Figlio»[184]. «Lo Spirito Santo non è soltanto la forza oppure l'aggettivo, ma una vera e reale Persona, distinta dal Padre e dal Figlio»[185].

Tutta l'argomentazione, che il teologo illustra, non è una speculazione astratta e lontana dalla realtà della vita, ma trae origine dalle Scritture, dalla tradizione apostolica e da alcuni dottori della Chiesa. Quando esamina il Simbolo *niceno-costantinopolitano*, dimostra gli errori delle diverse eresie, quali l'eunomianesimo, il macedonianismo,[186] e sottolinea che lo Spirito Santo è vero Dio. Colui che procede dal Padre e dal Figlio, e mandato da Loro, diventa il Consolatore, il Creatore preesistente dell'amore e la Misericordia illimitata.

Nel ragionamento del Nostro, scopriamo inoltre l'importanza di un altro aspetto fondamentale della Terza Persona: l'onnipotenza e l'eternità. Per questo lo Spirito Santo è onnisciente, sa tutto, conosce tutto e tutti, diventa per gli uomini, l'ultimo e supremo fine: la Bontà[187], la Verità, la Bellezza e soprattutto l'Amore e la Misericordia[188]. La misericordia, primo e fondamentale attributo, è strettamente unita al secondo, la Santità, nel senso che la santità è attribuita a tutta la Trinità. Essa si rivela nella semplicità, nella purezza, nella rettitudine della volontà e nell'amore. Lo stesso Spirito Santo è la purezza, la semplicità, la bontà infinita, l'amore immutabile, forte e crescente[189].

---

[183] M. SOPOĆKO, *Konferencja o Duchu Świętym* [*Conferenza sullo Spirito Santo*], WAW 5(1931), nr 10, p. 5; *Veni Creator Spiritus*, WAW (1932), p. 2.
[184] M. SOPOĆKO, *Miłosierdzie Boga w dziełach Jego*, vol. III, cit. p. 20.
[185] *Ibid.*, cit. p. 22.
[186] *Ibid.*, p. 21.
[187] Il Papa Leone XIII, cogliendo il significato più autentico della dottrina d'Oriente e d'Occidente, che sintetizzò nella sua enciclica sullo Spirito Santo, riferisce che lo Spirito Santo è "la divina Bontà e il reciproco Amore del Padre e del Figlio": Cf. DENZINGER-SCHÖNMETZER, n° 3326.
[188] Cf. M. SOPOĆKO, *Miłosierdzie Boga w dziełach Jego*, vol. III, pp. 21-22.
[189] Cf. M. SOPOĆKO, *Poznajmy Boga w Jego Miłosierdziu*, p. 47; *Konferencja o Duchu* Świętym, p. 154.

Sopoćko molte volte menziona lo Spirito Santo nella categoria dello "Spirito dell'Amore e della Misericordia". In questo modo pone un forte accento sul reciproco amore del Padre e del Figlio che procede in loro e da loro come Persona. Il Padre e il Figlio "spirano" lo Spirito d'Amore a loro consustanziale. Questo "fiato dell'amore" è "fiato" di Dio. Lo Spirito di Dio nomina anche "il fiore dell'amore" del Padre e del Figlio, lo Spirito che è santo, perché tutta l'essenza di Dio è santa[190].

Lo Spirito Santo, dunque, non è soltanto l'espressione della santità di Dio, ma anche la sorgente della santità per le creature (l'opera di misericordia) e il dono per tutti[191]. Sulla base dell'insegnamento di sant'Agostino sullo Spirito, il Nostro associa l'idea del dono a quello dell'Amore. Precisamente afferma che:

> «L'Amore è da Dio ed è Dio; è dunque propriamente lo Spirito Santo, per il quale si espande la carità di Dio nei nostri cuori, che fa dimorare in noi la Trinità. Lo Spirito Santo è chiamato propriamente dono a motivo dell'Amore»[192].

L'uomo rigenerato, dimora della Trinità, giunge all'amore di Dio e alla sua misericordia, in quanto egli stesso interiormente si trasforma nello spirito di tale amore verso il prossimo. Lo Spirito Santo è la causa di tutte le grazie di Dio, rigenera l'uomo alla vita nuova nel battesimo e lo libera dalla morte spirituale, nel sacramento della penitenza è la guida della vita interiore e del discernimento[193]. È Lui la causa della santità e il vincolo dell'amore tra l'uomo e Dio, (relazione misericordiosa) che

---

[190] Cf. M. SOPOĆKO, *Miłosierdzie Boga w dziełach Jego*, vol. III, p. 23.

[191] M. SOPOĆKO, *Konferencja o Duchu Świętym*, p. 156; «Essere santo significa: devo incessantamente collaborare con lo Spirtio Santo e sottomettermi alla sua guida»; M. SOPOĆKO, *Błogosławiony Ksiądz Michał Sopoćko - Dziennik*, q. II, p. 34.

[192] Cf. *De Trinitate*, XV,18,32: PL 42,1082-1083; cf. M. SOPOĆKO, *Miłosierdzie Boga w dziełach Jego*, vol. III, p. 25.

[193] Consideriamo che san Giovanni, infatti, parla in molti passi di una reciproca in-abitazione; Lui in noi e noi in Lui. A questo punto possiamo affermare che noi siamo intimamente uniti con il Padre e con il Figlio, e tale unione è per noi gioia perfetta e perfetto compimento della nostra umanità (*1 Gv* 1,3). San Paolo, inoltre, non parla soltanto del nostro essere in Cristo e dell'essere di Cristo in noi, ma parla proprio dell'abitazione in noi (*Rm* 8,9; *1 Cor* 6,19; *Ef* 2,22). Su questa base, la teologia passata e quella moderna con l'apice ottenuto da Congar, ha sviluppato la dottrina dell'inabilitazione dello Spirito Santo nell'anima del giustificato e del battezzato. Secondo tale dottrina Dio ha, nello Spirito Santo, la sede del nostro cuore vicino al suo cuore. Solo ed esclusivamente in Dio noi possiamo avere un posto, nel quale troviamo già nel presente e troveremo, un giorno nel futuro, definitivamente pace.

porta la santificazione e ogni benedizione, cioè la misericordia, origine e fine delle sue vie[194].

Il teologo polacco, in san Tommaso, trova una spiegazione interessante del *Salmo* 25,10 e del *Salmo* 144, 9, che utilizza per il suo studio. Egli, con questa spiegazione illuminante, avvicina la relazione misericordiosa alla situazione escatologica intermedia, in cui si trova l'uomo[195]. Egli dimostra che la povertà e la miseria umana, oggetto della misericordia di Dio, non consistono solo nella povertà e miseria fisica. La vera povertà è nella lontananza da Dio provocata dal peccato. Dio misericordioso, fin dall'eternità, vuole donare lo Spirito Santo, che si espande e riempie tutti di misericordia, stabilisce con una relazione fissa la sua vicinanza e la sua comunione per condurre tutti vicino a sé[196].

In conclusione, dobbiamo ammettere che il linguaggio umano trova un forte limite nell'attribuzione del significato alle parole, sempre imbrigliate all'interno di quella "gabbia"[197]- per usare l'espressione di L. Wittgenstein - che impedisce di dire ciò che costituisce l'essenza del mistero. Costatiamo, però, che il tentativo e lo sforzo del teologo nel cercare il linguaggio più appropriato all'oggetto dei suoi studi tende a scoprire e ad avvicinarsi al mistero della misericordia di Dio e al suo profondo significato. Egli dimostra che Dio si prende cura della nostra povertà congenita e abissale e che è vicino a tale miseria. Egli è quindi un Dio degli uomini e un vero Padre ed amico. La misericordia significa perciò felicità e perfezionamento dell'uomo. Essa fa sperimentare e addirittura gustare agli uomini un'intima beatitudine; solleva, allarga il cuore e la capacità di essere misericordiosi, dona gioia, speranza, felicità e pace.

---

[194] «Nessun tipo di sforzo umano, nemmeno tecnico scettico, né simbolo o rito religioso compiuto da un essere umano ha il potere di portare in se stesso l'uomo alla santità di Dio; soltanto lo Spirito Santo ha il potere di liberare lo spirito umano dalle influenze delle tenebre e dalle oscurità»: M. SOPOĆKO, *Miłosierdzie Boga w dziełach Jego*, vol. III, p. 18.

[195] TOMMASO, *In Psalmos* 24 n. 7; 50 n. 1; 4-6,9; cf. *Summa theologiae* III, q. 1 a.2.

[196] Cf. M. SOPOĆKO, *Miłosierdzie Boga w dziełach Jego*, vol. III, p. 31.

[197] E. RIVERSO, *Il pensiero di Ludovico Wittgenstein*, Libreria Scientifica Ed., Napoli 1970, p. 44.

4. L'ANNUNNCIO DELLA MISERICORDIA NELL'ANTICO E NEL NUOVO TESTAMENTO

La diversità e la ricchezza dei linguaggi soteriologici della Scrittura e della tradizione ecclesiale esprimono sostanzialmente due aspetti della nostra salvezza: la *liberazione dal peccato e la divinizzazione*[198]. Per questo, in Dio che è salvezza, la misericordia occupa il posto centrale del suo operare *ad extra*. Il teologo associa ad essa due lati che formano un'unità concreta, che va sempre rispettata: l'amore misericordioso (il movimento dall'alto verso il popolo in attesa della salvezza) e la giustizia (dal basso, mediante Gesù verso il Padre)[199]. Nel I volume: *Misericordia di Dio nelle Sue opere* (1959), emerge chiaramente che la proprietà fondamentale, che egli definisce l'attributo più grande di Dio, è sempre inseparabilmente unita alla giustizia divina. Giustizia e misericordia si consolidano reciprocamente, si accompagnano e si completano perfettamente. Sopoćko medita il testo del salmo sopra citato e analizza accuratamente il linguaggio biblico, notando l'attenzione "particolare" alla misericordia di Dio e "rafforzata" dall'Autore delle Scritture. Per il Nostro, il vocabolario del Nuovo Testamento è molto ricco e variegato quando esprime la salvezza universale in Cristo Gesù. Egli tra le espressioni più chiare trova non solo pietà o compassione, ma resta colpito proprio dalla parola "misericordia", frequentemente usata, perciò si interroga sul suo profondo significato. In ogni termine ha cercato di comprendere "il nucleo della verità nascosta", l'essenzialità della parola, e di trasmettere nei suoi studi un aspetto fondamentale per ciascuno di essi, per stimolare gli altri teologi alla continuità della ricerca in questa direzione.

Nel procedere, egli si "consulta" con gli studi precedenti. La prima espressione che cita è di sant'Agostino, il quale vede nella misericordia di Dio il motivo prioritario del suo agire e confessa che Dio è misericordioso in tutte le sue opere: *Buono è il Signore verso tutti, verso tutte le sue opere è la sua tenerezza* (cf. *Sal*

[198] Cf. B. SESBOÜE, *Gesù Cristo l'unico mediatore. La vita cristiana alla salvezza*, Querinina, Brescia 2009, p. 5.
[199] Cf. M. SOPOĆKO, *Miłosierdzie Boga w dziełach Jego*, vol. I, pp. 65-66.

145,9). Poi aggiunge che Dio è misericordioso, ma nel futuro sarà anche giusto[200]. La seconda, è di san Giovanni Crisostomo, il quale afferma che tutto ciò che Dio ha creato perirebbe, se non esistesse la sua misericordia. Un'altra espressione è di san Bernardo, che spiega le parole di san Paolo (*2 Cor* 1,3)[201] con un chiarimento interessante, secondo cui, Dio non è il Padre dei giudizi, ma della misericordia, il castigo invece, viene da noi stessi. Comunque la riflessione di san Tommaso occupa uno spazio centrale e contribuisce allo sviluppo del concetto biblico nella teologia di Sopoćko in maniera determinante. Egli, infatti, mette in luce altri aspetti rilevanti quali la perfezione più grande di Dio, che coinvolge la miseria umana, eliminandola senza lasciare un vuoto; la potenza straordinaria di Dio che si rivela solo nella misericordia, considerata come abbassamento. Pone l'accento su Dio, l'Essere Supremo, senza nessuno al di sopra, che si china verso le sue creature, rivela il suo amore come innamorato degli uomini, considerati anche nella loro miseria. L'essenza divina è sempre l'amore, causa prima della misericordia e fondamento basilare[202]. Altri contributi della riflessione teologica presi in considerazione dal Nostro sono: H. Melkerbach *Summa Theologiae Moralis Ad Mentem D. Thomae* (vol. I p. 921), O. Marion *Cristo nelle sue perfezioni* (p. 574), e l'enciclica di Pio XII *Haurietis aquas* (1956)[203].

Ora cercheremo di evidenziare, nello specifico del presente studio, come il teologo polacco esamini e spieghi la verità cristiana sulla misericordia, accolta prima nell'Antico Testamento e poi realizzata e rivelata in Gesù di Nazaret e, soprattutto, dimostreremo le novità, che emergono dai suoi scritti e dalla sua vita. Nel presente paragrafo esporremo il metodo dell'approccio alla Bibbia, usato dal Nostro, e ai relativi linguaggi, considerati nei vari generi letterari. Poi, da una conseguente analisi degli scritti di Sopoćko, vedremo che gli stessi linguaggi e le interpretazioni

---

[200] Cf. *ibid.*, p. 63.
[201] Il testo di san Paolo dice: "Sia benedetto Dio, Padre del Signore nostro Gesù Cristo, Padre misericordioso e Dio di ogni consolazione, il quale ci consola in ogni nostra tribolazione (cf. *2 Cor* 1,3)".
[202] Cf. M. SOPOĆKO, *Miłosierdzie Boga w dziełach Jego*, vol. I, pp. 64-66.
[203] Cf. *ibid.*, pp. 66-67.

dei testi, che si riferiscono ad ogni opera salvifica, hanno per lui una connotazione chiaramente misericordiosa.

4.1 ANALISI DEI LINGUAGGI DELLA SACRA SCRITTURA

Alcuni dettagli dei linguaggi utilizzati nei testi sacri non possono passare inosservati, perciò occorre una precisazione a proposito del significato dei termini: compassione e misericordia. Facendo questa premessa, vogliamo chiarire che il verbo *rachàm* (LXX = *eleêin*), indica la pienezza dell'amore misericordioso di Dio; dalla stessa radice deriva il sostantivo *rechèm*, che viene tradotto con il "grembo materno" in cui il bambino viene formato e portato prima della nascita (cf. *Is* 49,15). Le *rachamìm* sono invece le "viscere amorose di Dio". I LXX traducono, per lo più, con *ta splànchna* (σπλάγχνα), che nel greco *extra*-bi-blico indicano le interiora e soprattutto il cuore, il fegato, i polmoni e i reni dell'animale offerto in sacrificio. Le "viscere" significano, innanzi tutto, le viscere materne, ma la parola esprime anche l'amore che un padre ha per il figlio (cf. *Sal* 103,13; *Lc* 15,20) o la misericordia vitale e viscerale che Dio prova per Israele (cf. *Is* 63,7.15; *Ez* 39,25) ed equivale a un legame di sangue. Il verbo *chanan* (nei LXX talvolta *eleêin*) indica l'atteggiamento "grazioso" di Dio, con un'eventuale sfumatura di pietà. Il sostantivo *chen* vuol dire grazia, cor-dialità, benevolenza non tanto come sentimento, ma come soccorso che pro-viene dall'esterno; il verbo *chèssad* (ebr. חסד "bontà") esprime misericordia, provare pietà; il sostantivo derivato *chèssed* (LXX: *éleos*; derivato: *eleemosyne*, che nei LXX è l'equivalente dell'ebraico *tzedaqà*: "giustizia") indica la fedeltà amorosa di Dio alla propria alleanza. Il sostantivo *éleos* ed i suoi derivati nei LXX sono riferiti 236 volte a Dio e solo 60 all'uomo[204].

In Sopoćko troviamo una buona conoscenza dell'uso del termine "misericordia", con nuove aggiunte. Nella lingua ebraica, infatti, i testi nei quali si

[204] G. RAVASI, *Il cantico della misericordia*, in *PSV* 29 (1994/1), p. 80.

parla di "misericordia" hanno dietro di sé il termine ebraico *rahamìm* che ha ovviamente un significato plurale; infatti al singolare, *rehem* significa "utero" e al plurale, invece, *rahamim* indica genericamente i "visceri"[205]. Che c'entra tutto questo con il concetto fondamentale biblico - misericordia? C'entra, invece, molto. L'utero, precisamente, e in senso più ampio il "ventre", la "pancia", è il luogo dove nascono i bambini, ovvero è la sede dell'amore materno e dei sentimenti più teneri. Così, nella lingua ebraica il termine "misericordia" è sinonimo di tenerezza, di amore materno viscerale, profondo, che nulla può spezzare; rimanda al calore dell'utero materno. Il teologo dimostra che avere misericordia significa amare l'altro con un amore profondo e compassionevole, pronto al perdono, pronto a chinarsi su chi ha bisogno e tutto questo rivela la tenerezza di Dio[206]. Questa interpretazione, però, non può essere ridotta soltanto ad un discorso di buoni sentimenti. La madre, infatti, non si limita, genericamente, a provare tenerezza per il figlio, ma lo cura, lo protegge, lo difende, dà la vita per lui. Qui il teologo presenta, una dietro l'altra, una serie di testi biblici dell'Antico Testamento nei quali appare il termine *rahamim*[207].

Continuando l'analisi biblica, il Nostro dedica una particolare attenzione al fatto che nei libri dell'Antico Testamento la misericordia è menzionata come "continuo richiamo", perciò afferma:

> «Questa parola d'ordine è presente in tutti i libri dell'Antico Testamento, però più spesso la misericordia si può incontrare nei Salmi, di cui citerò alcuni brani. Nel Salmo 13, Davide si sente del tutto abbandonato ed esprime grande fiducia solo nella misericordia di Dio: *Nella tua misericordia ho confidato. Gioisca il mio cuore nella tua salvezza* (*Sal* 13, 6). Nel Salmo 17, il re ispirato supplica il soccorso di Dio contro la crudeltà dei nemici, esprimendo fiducia in Dio misericordioso. *Mostrami i prodigi del tuo amore, tu che salvi dai nemici, chi si affida alla tua destra* (*Sal* 17, 7). Nel Salmo 21, Davide ringrazia della vittoria attribuendola alla fiducia riposta nella misericordia di Dio. *Perché il re confida nel Signore, per la fedeltà dell'Altissimo non sarà mai scosso* (*Sal* 21,8). Nel Salmo 31, lo stesso autore, davanti ai

---

[205] M. SOPOĆKO, *Miłosierdzie Boga w dziełach Jego*, vol. IV, Paris 1967, pp. 19-21.
[206] *Ibid*, vol. I, p. 28.
[207] Cf. G. O'COLLINS, E. G. FARRUGIA, *Dizionario sintetico di teologia M-N*, L. E. V., Città del Vaticano 1991, p. 716.

grandi pericoli che lo minacciano, prega il Signore e fa riferimento anche alla fiducia; *ma io ho fede nel Signore. Esulterò di gioia per la tua grazia* (*Sal* 31,7-8)»[208].

Dal testo si evince che il Libro dei Salmi parla del massimo attributo divino più degli altri e nel modo più eloquente. Consideriamo che tra i centocinquanta salmi ben cinquantacinque lodano in modo specifico proprio questa perfezione e, nel Salmo 135, ogni versetto torna come ritornello: "Perché eterna è la sua misericordia" (*Sal* 135, 1)[209]. Più di quattrocento passi della Bibbia lodano la misericordia, il Libro dei Salmi centotrenta[210]. L'Autore, parlando della Scrittura, non si accontenta della sola parola "misericordioso", ma offre tutta una serie di sinonimi, come se volesse evidenziare l'incommensurabilità della grande proprietà divina, spostandola più al centro del salmo, e convincere che essa diventa la via sicura per avvicinarsi a Dio e conoscere il suo vero volto[211].

Secondo una diffusa opinione, il Dio dell'Antico Testamento sarebbe un Dio irascibile e vendicativo, mentre quello del Nuovo Testamento un Dio buono e misericordioso. In effetti alcuni testi dell'Antico Testamento possono dare adito a tale opinione. Essi parlano della cacciata da intere città e dell'uccisione della popolazione pagana, su comando di Dio (*Dt* 7,21-24;9,3; *Gs* 6,21; 8,1-29; 1 *Sam* 15); riportano i salmi di maledizione (soprattutto i Sal. 58; 83; 109). Ciononostante, tale visione non corrisponde al processo della progressiva trasformazione critica dell'idea di Dio all'interno dello stesso Antico Testamento e del suo sviluppo intrinseco fino al Nuovo Testamento. In fondo è lo stesso Dio quello a cui i due Testamenti rendono testimonianza[212].

Nel Nuovo Testamento invece, i termini *ἔλεος* ed *ἐλεεῖν* indicano per lo più un rapporto che Dio vuole intercorra fra uomo e uomo; in alcuni casi ἔλεος ha l'originario significato veterotestamentario di bontà, alla quale, nella reciprocità delle relazioni umane, ciascuno è tenuto nei confronti dell'altro; quella bontà che, con

---

[208] Cf. M. SOPOĆKO, *Misericordia Dei confidentibus in Eum*, L. III, AZSJM, Gorzów Wilekopolski 1942, p. 1.
[209] M. SOPOĆKO, *Miłosierdzie Boże*, art., pp. 104,105.
[210] *Ibid.*, p. 106; *Miłosierdzie Boga w dziełach Jego*, vol. I, pp. 19-20.
[211] M. SOPOĆKO, *De misericordia Dei*, p. 23.
[212] W. KASPER, *Misericordia - Concetto fondamentale del vangelo - Chiave della vita cristiana*, p. 69.

richiamo ad *Os* 6.6, viene chiesta in *Mt* 9,13;12,7: *έλεος θέλω καί ού θυσίαν*. Come nel giudaismo, anche qui il dovere della misericordia è motivato con il richiamo alla misericordia di Dio; con la differenza che l'*έλεος* divino è precedente a quello dell'uomo[213]. A noi interessa prima di tutto *έλεος*, parola che indica il sentimento della compassione di fronte a qualcuno che soffre. Ma il Nuovo Testamento usa anche il termine greco σπλάγχνα (*splànchna*), che in realtà è la traduzione letterale dell'ebraico rahamim, i "visceri". Come nell'Antico Testamento anche nel Nuovo, l'accento è posto sulla rivelazione della misericordia di Dio, offerta dalla vita e dalla persona di Cristo. Gesù è per gli uomini il segno di una compassione divina, di un affetto incredibile di Dio per l'intera umanità, di una misericordia che si rivela nella morte in croce di Gesù per la salvezza di tutti gli uomini[214]. Molti passi della Scrittura parlano della misericordia di Dio, ma ci limitiamo a riportare quelli più conosciuti:

> «Ha soccorso Israele suo servo, ricordandosi della sua misericordia» (cf. *Lc* 1,54). «Così egli ha concesso misericordia ai nostri padri e si è ricordato della sua santa alleanza» (*Lc* 1,72.78). "Dio ha rinchiuso tutti nella disubbidienza per usare a tutti misericordia" (*Rm* 11,32). «Vi esorto dunque, fratelli, per la misericordia di Dio» (*Rm* 12,1).

Nel Nuovo Testamento, come già nell'Antico, il dono della misericordia di Dio ricevuto dagli uomini, attraverso la morte e resurrezione di Cristo, si trasforma in esigenza di amore per gli altri. Così Paolo può invitare i credenti: "Rivestitevi come amati da Dio, santi e diletti, di sentimenti di misericordia, di bontà, di umiltà, di mansuetudine, di pazienza" (*Col* 3,12). Giacomo fa addirittura della misericordia rivolta agli altri il metro del giudizio divino: "perché il giudizio sarà senza misericordia contro chi non avrà usato misericordia; la misericordia, invece, ha sempre la meglio nel giudizio" (*Gc* 2,13). Non dimentichiamo qui una delle

[213] G. KITTEL, G. FRIDRICH, *Grande Lessico del Nuovo Testamento*, vol. III, Paideia, Brescia 1967, pp. 413-414.

[214] Nella traduzione greca dell'Antico Testamento, conosciuta come tradizione dei LXX, vengono scelti il termine greco *agàpe* per tradurre l''*ahabâ* ebraico, ed *èleos* per tradurre *hèsed*, e *rahamìm*, - mentre i termini così usuali nel mondo greco-ellenistico, *èros* e *erân* si trovano solo due volte! Nel Nuovo Testamento acquista nuova centralità il termine *agàpe* che, in un certo senso, sintetizza i tre termini privilegiati in ebraico nell'Antico Testamento per esprimere l'amore di Dio per il suo popolo, ma che soprattutto giunge a pienezza (e novità) di significato alla luce dell'evento cristologico: cf. P. CODA, *L'Agape come Grazia e Libertà- alla radice della teologia e prassi dei cristiani*, Città nuova ed., Roma 1994, p. 27.

beatitudini; la felicità consiste per l'uomo nell'offrire agli altri quella misericordia che ognuno di noi ha ricevuto da Dio: "Beati i misericordiosi, perché troveranno misericordia" (*Mt* 5,7)[215].

Sopoćko, nell'analisi dei linguaggi della Sacra Scrittura, dimostra che l'uso neotestamentario greco di *έλεος* è più ampio di quanto suggerisca il termine "misericordia". *Ὲλεος* appare spesso in contesti nei quali significa *hesed* o è usato in un modo che ricorda lo *hesed.* Gesù fa del suo comportamento verso i peccatori il modello di *έλεος*; il suo è un atteggiamento di disponibilità a unirsi con loro, diversamente dall'esclusivismo degli Scribi, anzi egli li invita a entrare nel Regno di Dio (cf. *Mt* 9, 13). Con rettitudine e fedeltà, *έλεος* è uno dei caratteri più importanti della legge (cf. *Mt* 23,23), ma ancora una volta è contro la rigida interpretazione della legge. Nei passi in esame, *έλεος* significa libertà e tolleranza. Gesù fa dell'*έλεος*, che si dimostra verso il prossimo, la condizione dell'*έλεος* che si può attendere da Dio (cf. *Mt* 5,7; 18,33). La profondità dell'amore per il prossimo è la dimostrazione dell'*έλεος* (cf. *Lc* 10, 37) e nella parabola del buon samaritano *έλεος* significa offerta, assistenza a chi ne ha bisogno. In *Mt* 18,33 *έλεος* è la prontezza nel perdonare e in *Mt* 5,7 è, molto probabilmente, da intendere nello stesso senso. Giudizio senza *έλεος* si può facilmente rendere con giudizio senza misericordia. *Ὲλεος* è una componente della sapienza celeste; in contrasto con la sapienza terrena, essa consiste nell'atto di fare buone azioni (cf. *Gia* 3,17)[216].

Possiamo affermare che nella Bibbia, i termini "misericordia" e "compassione" vengono interscambiati, entrambi descrivono lo stesso attributo (proprietà) di Dio. La nozione misericordia è una parola fondamentale della Sacra Scrittura, che in realtà esprime "il cuore immenso di Dio verso la miseria dell'uomo". Dio che dal profondo del suo cuore si prende cura delle nostre miserie è "il Buon Samaritano" della parabola che dice all'albergatore: "prenditi cura e al mio ritorno ti rimborserò" (*Lc* 10,25-37).

---

[215] Cf. J. L. McKENZIE, *Dizionario Biblico*, ed italiana a cura di B. MAGGIONI, S.T.E, Città di Castello 1973, pp. 622-623.
[216] Cf. M. SOPOĆKO, *Poznajmy Boga w Jego Miłosierdziu*, pp. 45-149; *Miłosierdzie Boga w dziełach Jego*, vol. I, pp. 147-151.

4.2 LA RIVELAZIONE DELLA MISERICORDIA NEL NOME DI DIO

Sopoćko, in seguito alla riflessione dei linguaggi biblici e, meditando sul nome di Dio, viene colpito particolarmente da un brano dell'Antico Testamento. Si tratta del Salmo 58. L'ultimo versetto ha una straordinaria e singolare formulazione: "O mia forza a te voglio cantare, poiché tu sei, o Dio, la mia difesa; mio Dio, tu sei la mia misericordia" (cf. *Sal* 58,18). Il Nostro, nell'approccio alla espressione, *Deus meus, misericordia mea*, sottolinea che essa non dice: tu sei misericordia per me, tu sei misericordioso nei miei confronti, ma addirittura "tu sei la mia misericordia". Significa che io dipendo da te, l'origine del mio essere sei tu. In quanto origine, Dio è chiamato "misericordia", come fonte e come inizio. Il nome del "mio Dio è misericordia", è il "mio essere", è l'origine del mio essere, perché io derivo da un atto di amore e io esisto per un atto di amore[217].

Il Nostro continua dicendo che, la rivelazione esplicita della misericordia di Dio è inseparabilmente legata alla rivelazione fondamentale di Dio, in occasione dell'esodo e della liberazione di Israele dall'Egitto, e alla sua rivelazione al Sinai o Oreb. Nel roveto ardente, Dio si rivela come il Dio di Abramo, Isacco e Giacobbe. La rivelazione dell'Oreb si riallaccia all'inizio della storia della salvezza, cominciata con Abramo. Tutte e due le volte, Dio si rivela come un Dio che chiama a uscire e che conduce fuori. Dio è un Dio che vede la miseria del suo popolo e ode il suo grido (cf. *Es* 3,7-9). Dio non è un Dio morto e muto; egli è un Dio vivo che si prende cura della miseria degli uomini, che parla, che agisce e interviene, che libera e redime. La formula "YHWH", che ti ha fatto uscire dalla terra d'Egitto, diventa l'affermazione religiosa fondamentale dell'AT (cf. *Es* 20,2; *Dt* 5,6; *Sal* 81, 1; 114).

La rivelazione del Dio che si abbassa e discende, però, non ha nulla a che fare con una falsa confidenza; è indissolubilmente legata alla sua santità, alla superiorità che sovrasta tutta la realtà terrena, alla sua magnificenza e alla sua sovranità. Quando

---

[217] M. SOPOĆKO, *Jezus Król Miłosierdzia* [*Gesù il Re della misericordia*], Wydawnictwo Księży Marianów - MIC, Poznań 1948, Warszawa 2005, pp. 43-44.

Mosè chiede a Dio qual è il suo nome, ottiene questa risposta misteriosa "Io sono colui che sono" (cf. *Es* 3,14)[218].

La rivelazione del nome in Sopoćko è l'assoluta trascendenza di Dio. Dall'altro lato, Dio mostra la misericordia nell'interessamento per il suo popolo e nella promessa che egli sarà potentemente presente nella sua storia. Dio si rivela come il Dio del cammino e della guida, nel corso di una storia che non può essere stabilita in partenza, perché Egli sarà sempre presente in maniera imprevedibile, sovrana e inattesa. È, e sarà sempre, addirittura il nuovo futuro, segnato dalla sua infinita misericordia[219].

Il Dio di Israele è ben descritto nel testo, dove il Signore si mostra a Mosè proclamando di essere "il Signore, il Dio misericordioso e pietoso, lento all'ira e ricco di amore e fedeltà" (*Es* 34, 6). Dalla descrizione che Dio fa di se stesso, nasce, per l'uomo, il compito di offrire agli altri quella misericordia che Dio ha offerto a lui. Così, infatti, scrive il profeta Zaccaria: "Ecco ciò che dice il Signore degli eserciti: praticate la giustizia e la fedeltà, esercitate la pietà e la misericordia, ciascuno verso il suo prossimo" (*Zac* 7,9). Ma, come dimostra il Nostro, l'accento nella Bibbia di Israele va posto sui testi nei quali Dio parla del suo amore quasi materno per gli uomini: "Egli ci trattò secondo il suo amore, secondo la grandezza della sua misericordia" (*Is* 63,7.15)[220].

Consideriamo che in principio YHWH rivela se stesso, quando dal cielo tende l'orecchio per ascoltare il lamento di un popolo di schiavi. Egli fa conoscere il proprio volto, come quello di qualcuno capace di ascoltare e compatire[221]. Per questo egli è Dio. "Quando invocherà da me l'aiuto, io ascolterò il suo grido, perché io sono misericordioso" (*Es* 22,26). La schiavitù, l'oppressione e la miseria, diventano, nel rapporto con YHWH, paradossalmente, una occasione di benedizione. Lo sguardo di Dio si posa sulle lacrime degli ultimi, dei poveri, dei dimenticati della

---

[218] Martin Buber e Franz Rosenzwei traducono: "Io sarò qui come colui che sarà qui". In questo modo viene reso il carattere misterioso, inafferrabile e in fondo inesprimibile del nome di Dio: M. BUBER, *Moses*, in *Werke* 2, München - Heidelberg 1964, pp. 62-66.

[219] M. SOPOĆKO, *Miłosierdzie Boga w dziełach Jego*, vol. I, p. 49.

[220] *Ibid.*, vol. IV, p.181; T. K. SZAŁKOWSKA, *Tajemnica Miłosierdzia* [*Il mistero della misericordia*], Oficyna Wydawniczno - Polograficzna Adam, Warszawa 2005, p. 76.

[221] Vdei BENEDETTO XVI, *Spe Salvi*, L.E.V., Città del Vaticano 2007, pp. 75-78.

terra, si lascia ferire dalle loro lacrime e non resta inerte. Egli procurerà loro un sollievo, un riscatto, una consolazione. Tutto quanto si cristallizzerà nel dono di una terra ad Israele, verso la quale egli stesso lo condurrà, per un lungo cammino di attesa e conversione. "Diede loro la terra in eredità, ad Israele suo servo" (*Sal* 136,21.22).

Là, gli Israeliti, oltre un deserto di fame e di stanchezza, di scorpioni e serpenti, troveranno un paese bagnato da un fiume e coltivato di viti. Là potranno costruire le loro case, prendere moglie e marito, generare figli e figlie. Là il Signore darà la pioggia dal cielo per la fertilità della terra. Là potranno sognare. La terra è il dono fondamentale che il Signore dà al suo popolo[222].

Perciò l'esistenza per il suo popolo è nella rivelazione del nome di Dio; l'essere di Dio come pro esistenza è il mirabile mistero della sua essenza. Su ciò, Israele può incondizionatamente confidare nella propria fede.

5. LA MISERICORDIA DI DIO PROCLAMATA DA GESÙ

Il testo citato di san Paolo presenta l'idea del "Padre delle misericordie", colui che è fonte di misericordia. È un modo di dire davvero esplicito: Dio è la fonte stessa della misericordia, da lui è generata e da lui proviene a tutti e per sempre. Dopo aver esaminato brevemente la riflessione di Sopoćko sulla misericordia nell'Antico Testamento, ora entriamo nel Nuovo per scoprire l'originalità del pensiero su Gesù di Nazaret - l'incarnazione della misericordia di Dio.

Gesù, attraverso la sua vita e le sue parole, si è fatto portatore dell'annuncio di salvezza, che è frutto della misericordia di Dio per gli uomini, e che diventa principio di misericordia tra fratelli. Dio è misericordioso verso l'uomo e questo lo si sperimenta pienamente quando si fa esperienza del perdono. L'uomo, pur sbagliando spesso nei confronti di Dio, senza meriti e spesso meritevole di castighi, può scoprire

---

[222] L. A. SCHÖKEL, *Salvezza e liberazione*: *l'Esodo*, EDB, Bologna 1997, pp. 130-134.

l'amore misericordioso e profondo di Dio, sempre pronto al perdono. Il suo "perdono", però, non rimane fermo lì, diventa anche seme perché nel cuore di chi è stato perdonato nasca il "dono della capacità del perdono". Prendiamo in considerazione ad esempio la parabola del servo spietato:

> «Servo malvagio, io ti ho condonato tutto quel debito perché tu mi hai pregato. Non dovevi anche tu aver pietà del tuo compagno, così come io ho avuto pietà di te? Sdegnato, il padrone lo diede in mano agli aguzzini, finché non avesse restituito tutto il dovuto. Così anche il Padre mio celeste farà con voi se non perdonerete di cuore, ciascuno» (*Mt* 18,32).

5.1 LA RIFLESSIONE CRISTOCENTRICA SULLA MISERICORDIA DI DIO

Il testo della *Summa* dove san Tommaso afferma: "Per creazione attiva s'intende l'azione di Dio che è (...) la sua essenza, con in più una relazione verso la creatura (relatio ad creaturam)[223], secondo il teologo polacco, associa l'idea del rapporto tra Dio e la creatura, contrassegnato da una profonda asimmetria. Il Nostro dimostra che Gesù Cristo ha rivelato agli uomini il Padre misericordioso, donando lo Spirito dell'Amore, ha restaurato una "relazione stabile", ha fatto conoscere il mistero della vita divina come la sorgente ed il modello di tutta la realtà, soprattutto quella della misericordia. Perciò, se vogliamo parlare di Dio misericordioso nella teologia del Nostro, dobbiamo parlare delle Persone divine che vivono la misericordia nei confronti delle creature, cioè la misericordia del Padre, la misericordia del Figlio, la misericordia dello Spirito Santo[224]. In realtà, la misericordia, essendo una caratteristica della relazione (l'amore, invece è l'essenza di Dio), non può sussistere con "un solo" individuo. Se una delle Persone fosse da sola, non sarebbe potuta

---

[223] *S. Th.*, cit., I, 45,3, ad 1 in M. SOPOĆKO, *Miłosierdzie Boga w dziełach Jego*, vol. I , p. 17.
[224] M. SOPOĆKO, *Poznajmy Boga*, pp. 21-25.

essere misericordiosa, perché la misericordia richiede una relazione; affinché una persona possa provare amore, deve rivolgersi ad un'altra fuori di sé. Per poter esercitare la misericordia, devono essere almeno in due, in questo caso Dio e la creatura. Dio, in sé, anche senza la storia del mondo, anche senza la creazione, è misericordia, perché la natura di Dio, la sostanza divina, l'unica sostanza divina è caratterizzata da tre Persone.

Indubbiamente Gesù rivela il Dio trinitario che può essere conosciuto nella sua missione messianica. Resta, però, la questione del rapporto della cristologia con la rivelazione del Dio trino. Sopoćko risponde anche all'interrogativo dicendo:

> «Bisogna evitare l'attributo "pancristore", cioè non confondere il posto di Cristo con il posto di Dio Padre. Cristo non è separato dal Padre, Egli sta sempre nella prospettiva del progetto di Dio. Il progetto di Dio è cristocentrico e nello stesso tempo teocentrico, perché è stato preparato da Dio da sempre e conduce alla scoperta della piena gloria di Dio»[225].

Esattamente, il progetto divino è sempre cristocentrico, ma nello stesso tempo teocentrico. Consideriamo che al termine di una lunga riflessione, portata avanti dai Padri della Chiesa e consegnata alle definizioni dei Concili, la Chiesa parla del Padre, del Figlio e dello Spirito Santo come di tre "Persone", che sussistono nell'unità dell'identica sostanza divina: *Unus Deus Trinitas*. Infatti, dire "persona" significa fare riferimento a un ente unico di natura razionale, che, nella teologia del Nostro, viene chiamato *sostanza individuale di una natura razionale*[226].

La Chiesa antica (295-373) precisava, però, che la natura intellettuale in Dio non è moltiplicata con le Persone; essa resta unica, così che il credente può proclamare col simbolo *Quicumque* (Il Simbolo Atanasiano): "Non tre dèi ma un unico Dio". Il mistero si fa qui profondissimo: tre Persone distinte e un solo Dio[227]. Come è possibile? La ragione comprende che non v'è contraddizione, perché la

---

[225] M. SOPOĆKO, *Błogosławiony Ksiądz Michał Sopoćko*, cit., p. 187.
[226] M. SOPOĆKO, *Miłosierdzie Boga w dziełach* Jego, vol. I, p. 25.
[227] Cf. L. LADARIA, *Il Dio vivo e vero. Il mistero della Trinità*, Piemme, Casale Monferrato, 1999, p. 398.

trinità è delle Persone e l'unità della Natura divina. Resta però la difficoltà: ciascuna delle Persone è il medesimo Dio; come possono allora distinguersi realmente?

Troviamo la risposta nell'opera: *Possiamo conoscere Dio nella Sua misericordia* (1949), sotto il discorso del concetto di "relazione". Le tre Persone divine si distinguono fra loro unicamente per le relazioni che hanno l'Una con l'Altra: e precisamente per la relazione del Padre con il Figlio, del Figlio con il Padre; del Padre e del Figlio con lo Spirito, dello Spirito con il Padre e il Figlio. In Dio, Sopoćko costata che il Padre è pura Paternità, il Figlio è pura Figliolanza, lo Spirito Santo, invece, è puro "Nesso di Amore" dei Due, cosicché le distinzioni personali non dividono la medesima e unica Natura divina dei Tre[228].

5.2 LA MISERICORDIA NELL'INCARNAZIONE

Procedendo nell'attento esame degli scritti di Sopoćko, possiamo ribadire la validità dei concetti esposti nel 1947, in forma sequenziale, logica e trasparente. Essi vengono approfonditi successivamente e riletti in chiave dogmatica, sempre secondo la misericordia, negli anni 1959-1972[229]. Il termine attesa, molte volte evidenziato dal teologo, esprime bene la situazione dell'uomo che vive per l'avvenire, la cui realizzazione dipende dall'avvento misterioso di Cristo nella sua vita. L'attesa di un avvenire, dimostra Sopoćko, non può essere scoperto dalla ragione umana e non può essere realizzata dalla sola libertà; l'avvenire non è posseduto, ma ricercato ed implorato. Il mistero dell'insoddisfazione del cuore umano è tutto presente nell'attesa d'un avvenire sconosciuto, ma invocato. La presentazione dell'attesa umana si ispira al concetto storico-salvifico dell'avvento di Dio misericordioso e Salvatore[230].

---

228 M. SOPOĆKO, *Poznajmy Boga*, p. 24

229 Cf. M. SOPOĆKO, *Miłosierdzie Boga w dziełach Jego*, vol. I, II; *Lord, have mercy on us*, wyd. 1, Hereford 1969; *The Mercy of God in his Works*, vol.. I, Hereford-Stockbridge 1962.

230 Cf. M. SOPOĆKO, *Miłosierdzie Boga w dziełach Jego*, vol. I, pp. 100-105.

Quest'idea si trova esattamente nelle profondità misteriose dell'essere creato, che partecipa della vita del Verbo ed è creato per Cristo. Non possiamo dimenticare, a tal proposito, che la riflessione di Dio misericordioso del Nostro è anche un discorso ontologico. Infatti, l'apertura ontologica dell'essere a Cristo trova la sua manifestazione nella "storia" di ogni uomo. Con il termine "attesa", il Nostro indica la manifestazione dinamica dell'apertura dell'essere a Cristo. L'attesa trova in tutte le principali manifestazioni dell'essere umano, dall'instancabile ricerca della verità, all'aspirazione sempre rinnovata della pienezza dell'amore, alla speranza che non muore mai, il suo pieno compimento. Con "avvenire" intende la perfezione definitiva dell'essere, la pienezza della vita e dell'amore[231]. Tale pienezza, chiamata dalla teologia "salvezza", si realizza soltanto in Cristo; perciò la libertà per l'avvenire attende Cristo[232].

Tuttavia, ricorrendo all'evento dell'incarnazione, teniamo ben presente che per Sopoćko,

> «non significa che la sua divinità sia mischiata con la sua umanità così da ottenere una strana creatura. Il punto fondamentale di fede è che Gesù il Messia era completamente Dio e completamente uomo e che Egli è venuto a redimere e rigenerare i peccatori e a rivelare il vero Dio. Se il nostro più grande bisogno fosse l'informazione, Dio ci avrebbe mandato un educatore. Se il nostro più grande bisogno fossero i soldi, Dio ci avrebbe mandato un economista. Se il nostro più grande bisogno fosse stato il divertimento, Dio ci avrebbe mandato un intrattenitore. Ma il nostro maggior bisogno era il perdono e la salvezza, così Dio ha mandato sé stesso attraverso l'incarnazione per provvederci un Salvatore»[233].

In più, il Nostro riesce a intravedere nelle Scritture l'insegnamento che Dio aveva pianificato l'incarnazione, prima ancora della creazione del mondo (cf. *1 Pt*

---

[231] Cf. M. SOPOĆKO, *Zaufałem Twojemu Miłosierdziu*, p. 90; *Miłosierdzie a sprawliedliwość Boża. Rozważania o Bożym Miłosierdziu* [*La misericordia e la giustizia di Dio. La meditazione sulla misericordi*], in "WA", 1950, p. 620; *Serce Jezusa a Miłosierdzie Boże* [*Il cuore di Gesù e la misericordia di Dio*], in "Wiadomości Duszpasterskie", 4 (1948), pp. 47-48; *Miłosierdzie Boga w dziełach* Jego, vol. I, pp. 31-32.

[232] Cf. V. BOUBLIK, *L'uomo in Cristo Gesù*, vol. V; *creati per Cristo*, Centro ecumenico "Ut unum Sint", CTP, Roma 1971, pp. 124-126.

[233] M. SOPOĆKO, *Poznajmy Boga w Jego Miłosierdziu*, cit., p. 97.

1,20; *Ebr* 10,5)[234]. Ciò era stato già predetto nell'Antico Testamento. Per esempio Isaia 9,5 scrive che "un fanciullo" (Messia) sarebbe nato, in riferimento alla sua umanità, inoltre aggiunge che "un figliuolo ci è stato dato", facendo così intendere il suo scopo e la sua divinità. Il verso dice ancora che il figliuolo sarebbe stato chiamato "Dio potente" e "Padre Eterno". Appunto, Gesù Cristo possiede un corpo umano, ma con una grande differenza rispetto agli uomini: Egli è senza peccato. Le Scritture ci dicono chiaramente che Egli venne "in carne simile a carne di peccato" (*Rm* 8,3).

"Il Verbo si fece carne e venne ad abitare in mezzo a noi; e noi abbiamo contemplato la sua gloria, gloria come del figlio unigenito che viene dal Padre, pieno di grazia e di verità" (*Gv* 1,1-14). Nell'analisi di questo brano del Vangelo di Giovanni[235], il teologo afferma che in queste parole si può riscontrare il mistero centrale della nostra fede e anzitutto il modo e la condizione della nostra figliolanza adottiva da parte di Dio. Il Verbo-Parola è il Figlio di Dio[236], attraverso il quale Dio rivela la bellezza e la saggezza della misericordia nel creato e anzitutto nell'adozione degli "esseri umani ragionevoli" a cui permette di diventare i figli adottivi di Dio[237].

In seguito, il teologo dimostra che l'incarnazione (l'abito sporco) è sempre un mistero della "Parola preesistente", il quale supera ogni concezione degli angeli

---

[234] La riflessione teologica sul mistero dell'incarnazione ha il non facile compito di salvaguardare l'eredità preziosa ed indimenticabile, che il pensiero sulla fede ci trasmette con le istanze storico-dinamiche, antropologiche ed universali, provenienti dalla sensibilità dell'ambiente culturale del XX secolo. Tali esigenze non sono affatto in contrasto con il profondo significato che l'incarnazione possiede, nell'autentica tradizione cristiana. Esse possono, al contrario, far chiarire con maggiore luce proprio i punti nodali e le prospettive essenziali di questo mistero centrale della nostra fede.

[235] Il teologo intende il termine incarnazione come definizione fondata sul Vangelo di san Giovanni: Il Figlio di Dio, il Verbo, assunse una natura umana per realizzare, per mezzo di essa, la nostra redenzione. Riprendendo l'espressione di san Giovanni «Il Verbo si fece carne (cf. *Gv* 1,14)», come la Chiesa chiama «incarnazione» il fatto che il Figlio di Dio abbia assunto una natura umana per realizzare in essa la nostra salvezza, l'incarnazione è realtà essenziale della nostra fede cristiana. La fede nella reale incarnazione del Figlio di Dio è il segno distintivo della fede cristiana (...). È la gioiosa convinzione "del grande mistero della misericordia": «Egli si manifestò nella carne (cf. *1 Tm* 3,16)»: Vero Dio e vero Uomo, senza mescolanza né confusione fra il divino e l'umano. L'evento, unico e del tutto singolare dell'incarnazione del Figlio di Dio, non significa che Gesù Cristo sia in parte Dio e in parte uomo, né che sia il risultato di una confusa mescolanza di divino e di umano. Egli si è fatto veramente uomo rimanendo veramente Dio. Gesù Cristo è vero Dio e vero uomo: cf. M. SOPOĆKO, *Miłosierdzie Boga w dziełach* Jego, vol. I, pp. 86-101.

[236] Il *Logos* incarnato apparve sulla terra come uomo tra gli uomini. Ciò significava assumere tutta la pienezza umana per redimere gli uomini, pienezza non solo della natura umana, ma anche di tutta la vita umana. L'incarnazione doveva manifestarsi in tutta la pienezza della vita e dell'età dell'uomo, poiché tale pienezza potesse essere santificata. Questo è uno degli aspetti del concetto della "ricapitolazione" di tutto in Cristo, che con tanta enfasi Sopoćko riprese da sant'Ireneo e da san Paolo. Era questa l'umiliazione del *Logos* (*Fp* 2,7). Ma questa *kènosis* non era una riduzione della divinità, che nell'incarnazione sussiste immutata. Al contrario era un'elevazione dell'uomo, la deificazione della natura umana, la *thèosis*. Come anche afferma san Giovanni Damasceno, nell'incarnazione «tre cose furono realizzate in una sola volta: l'assunzione, l'esistenza e la deificazione dell'umanità per mezzo del *Logos*»: M. SOPOĆKO, *Encyklopedia kościelna* [*Enciclopedia della chiesa*], vol. III, Słowo, Włocławek 1933, p. 12.

[237] *Ibid.*, p. 77.

e soprattutto degli uomini. Egli afferma che gli uomini non hanno sufficienti risorse intellettuali per approfondire quel mistero fino in fondo, perciò bisognerebbe almeno provare ad avvicinarsi per analogie e paragoni al "come" avviene l'unione tra la natura divina e quella umana in una stessa persona (*omousios*)[238].

Nel 1959, tale idea, insieme al superamento della concezione dell'immutabilità divina, comprende la dimensione della vita nell'amore trinitario, che realizza sia la più perfetta e profonda coerenza, identità e fedeltà a se stesso nella sua più totale distinzione e donazione all'*Altro* (Figlio - a volte Lo chiama il *Timbro* o l'*Impronta della misericordia*), sia la più perfetta comunione con l'*Altro* (nello Spirito Santo) nella più totale offerta ed estasi, nello stesso Spirito[239].

Possiamo dire che Dio, vivendo l'unità nella distinzione, la comunione nella comunicazione ed espansione estatica di sé, visione a cui il pensiero di fede risale a partire dalla esperienza dell'evento storico della croce e della resurrezione di Cristo, rende possibile far luce sulla idea biblica di preesistenza. Essa non è la struttura di un pensiero archeologico che segni il predominio di una passata cultura sopra il linguaggio della rivelazione, bensì l'"idea-progetto", che esprime la condizione essenzialmente dinamica di esistenza del *Logos* nella vita trinitaria. In tale condizione, il *Logos* è insieme, rivolto verso il seno del Padre (cf. *Gv* 1,18) a partire dalla sua origine da Lui, è in relazione con lo Spirito nel quale si compie il suo stesso rapporto di amore al Padre.

Infine, Sopoćko riesce a ben evidenziare che Dio si fece uomo per redimere i peccatori perduti e che l'incarnazione è sfida anche a Satana nella sua stessa arena, citando questo brano di san Paolo:[240]

> «Poiché dunque i figli hanno in comune sangue e carne, egli pure vi ha similmente partecipato, per distruggere, con la sua morte, colui che aveva il potere sulla morte, cioè il diavolo, e liberare tutti quelli che dal timore della morte erano tenuti schiavi per tutta la loro vita» (*Eb* 2,14,15).

---

[238] M. SOPOĆKO, *Miłosierdzie Boga w dziełach* Jego, vol. I, pp. 91-95.
[239] *Ibid.*, pp. 86-91.
[240] M. SOPOĆKO, *Miłosierdzie Boga w dziełach* Jego, vol. I, p. 111.

Da quando il "Dio misericordioso incarnato", per opera dello Spirito Santo, prese l'iniziativa di redimere tutti gli uomini, per liberarli dalle catene di Satana, ha anche fornito la sua santa natura a coloro che credono e sono salvati. Nel filo conduttore del pensiero di Sopoćko, essere rigenerati significa vivere una nuova vita, nella quale si riflette l'immagine di Dio misericordioso e la sua divinità[241]. Dio ha accettato di farsi uomo, il Redentore personale e soprattutto il Re della misericordia per tutta l'umanità[242]. Il motivo primordiale, per cui Gesù venne nel mondo, fu il "grande desiderio di Dio", dettato dalla misericordia, di salvare gli uomini[243]. Il Dio misericordioso mandò suo Figlio, donandolo a tutti per sempre, soltanto per il bene comune di tutti[244]. Esattamente, la misericordia di Dio si rivela soprattutto nell'incarnazione del Figlio di Dio, perché con nessun altro dono, Dio avrebbe rivelato una più grande pietà sulla povertà umana, che nel dono dell'amatissimo Figlio[245]. Niente di più grande Dio poteva donare agli esseri umani, niente di più prezioso, efficace e costoso per la nostra salvezza.

5.3 L'INSEGNAMENTO DELLA MISERICORDIA NELLE PARABOLE DI GESÙ

In Cristo e mediante Cristo, Dio diventa particolarmente visibile nella sua misericordia, cioè mette in risalto quella proprietà (attributo) della divinità, che già l'Antico Testamento, avvalendosi di diversi concetti e termini, ha definito "misericordia". Cristo conferisce a tutta la tradizione veterotestamentaria della

---

[241] Cf. M. SOPOĆKO, *Kazania o Miłosierdziu Bożym*, p. 14. Fatti ad immagine e somiglianza di Dio amore, possiamo comprendere noi stessi solo nell'accoglienza del Verbo e nella docilità all'opera della Spirito Santo: cf. BENEDETTO XVI, *Esortazione Apostolica Postsinodale - Verbum Domini*, L.E.V., Città del Vaticano 2010, pp. 18-19.

[242] Cf. M. SOPOĆKO, *Jezus Król Miłosierdzia*, p. 5.

[243] Il teologo dimostra che la misericordia di Dio ha pensato al recupero degli uomini dopo la caduta dei progenitori, la quale ha causato il progetto straordinario dell'incarnazione della "Parola Preesistente": cf. M. SOPOĆKO, *Poznajmy Boga w Jego Miłosierdziu*, p. 89; *Kazania o Miłosierdziu Bożym*, Kuria Metrop. Białost., Białystok 2008, p. 11.

[244] M. SOPOĆKO, *Poznajmy Boga w Jego Miłosierdziu*, p. 37.

[245] *Ibid.*, p. 89.

misericordia divina un significato definitivo. Non soltanto parla di essa e la spiega con l'uso di similitudini e di parabole, ma soprattutto egli stesso la incarna e la personifica. Egli stesso è, in un certo senso, la misericordia. Per chi la vede in lui e in lui la trova, Dio diventa particolarmente "visibile", quale Padre buono "ricco di misericordia"[246].

Quando si parla della predicazione di Gesù, si apre un problema di capitale importanza in merito al significato dei termini ed al contenuto del concetto, soprattutto se riferiti al contenuto del concetto di "misericordia" ("in rapporto all'amore"). La comprensione di quel contenuto è la chiave per intendere la realtà stessa della misericordia. È necessario affermare nella nostra ricerca che Cristo, nel rivelare l'amore e la misericordia di Dio, esigeva dagli uomini che si facessero guidare nella loro vita dall'amore e dalla misericordia. Questa esigenza fa parte dell'essenza stessa del messaggio messianico e costituisce il midollo dell'*ethos* evangelico. Il Maestro lo esprime sia per mezzo del comandamento, da lui definito come "il più grande", sia in forma di benedizione, quando nel discorso della montagna proclama: "Beati i misericordiosi, perché troveranno misericordia" (cf. *Mt* 5,7). Perciò il misericordioso fa il bene spinto solo dalla carità, senza distinguere fra amici e nemici, senza cercare la propria soddisfazione o il proprio interesse. Per essere vero figlio dell'Altissimo si sforza di ricopiare la sua eterna misericordia. Dunque non ama solo ciò che è amabile, la sua misericordia non è motivata da ciò che riceve in cambio. Non ci possono essere motivi "esterni" per la misericordia, come non ce ne sono per l'amore. Per viverla, bisognerebbe fare il salto di qualità del perdono cristiano. Infatti veramente misericordioso è colui che coltiva sentimenti di pietà nei confronti di chi ha peccato, e gli concede generosamente il perdono[247]. "Non dovevi forse anche tu aver pietà del tuo compagno, così come io ho avuto pietà di te ?" (cf. *Mt* 18,33), chiede il padrone al servo spietato, nella parabola evangelica. Tanto che la durezza, di cui il servo dà prova nei confronti del suo collega, fa sì che la compassione e la misericordia del re si cambino in collera e in punizione rigorosa.

---

[246] M. SOPOĆKO, *Miłosierdzie Boga w dziełach Jego*, vol. I, pp. 165-169.

[247] Vedi J. RATZINGER - BENEDETTO XVI, *Gesù di Nazaret*, L.E.V., Città del Vaticano 2007, pp. 280-282.

Stando all'abbondante materiale sinottico, Gesù ha certamente parlato anche come maestro di sapienza, collocandosi sulla linea degli antichi saggi d'Israele (gli *hăkāmîm*)[248]. A questo proposito, per maggior chiarezza, bisognerebbe distinguere da una parte i *loghia* (due gruppi: quelli sapienziali e quelli personali) e dall'altra i racconti delle parabole. I due blocchi sono diversi, almeno per la rispettiva ampiezza (più brevi i primi, più organizzati a livello narrativo le seconde), sia pur sulla base dell'unico generale *māšāl* di origine[249].

Tra i *loghia* di vario tipo, nei quali si possono formalmente suddividere le parole di Gesù, quelli genericamente sapienziali costituiscono il gruppo più vistoso e caratteristico; quelli etichettabili come "ammonizioni" (con imperativo) sono rivolti ai discepoli.

Le parabole appartengono all'insegnamento tipico sia della tradizione giudaica (per quanto riguarda la loro abbondanza e ampiezza), sia della successiva tradizione protocristiana (dove questa tecnica manca del tutto)[250]. A questo punto vale la pena riportare un pensiero di Sopoćko in merito all'insegnamento di Cristo:

> «Ciò si nota nelle numerose parabole del Signore Gesù; nella parabola della dracma perduta, del grano di senape crescente, particolarmente nella parabola dei servi e dei talenti. Solo coloro che lavorano riceveranno il guadagno. Soltanto a coloro che, dopo avere ricevuto i talenti, sono andati ad impiegarli e ne hanno guadagnati il doppio, il Salvatore celeste promette il Regno dei Cieli. Quanto di più ci avviciniamo al fine irraggiungibile, tanto più numerose troviamo in noi le mancanze. Per questo non dobbiamo scoraggiarci, ma sentirci stimolati ad appoggiarci nel nostro Maestro, nel tentativo di uscirne. È dogma della fede che la grazia divina è necessaria per la salvezza; con le nostre proprie forze non siamo in grado di evitare i peccati veniali quotidiani. Perciò la fiducia nell'aiuto promesso dal Salvatore nostro è il migliore rimedio a tutti i dubbi, dovuti dallo stato d'imperfezione attuale delle nostre anime»[251].

---

[248] Intendiamo questa terminologia applicata a Gesù nel senso di vedere in lui un vero *hăkām*, "sapiente", non un *sôpher*, "scriba" (questi due termini e i rispettivi concetti s'identificarono infatti a partire da Ben Sira: cf. E. J. SCHNABEL, *Law and Wisdom*, pp. 63-69.

[249] Il sostantivo ebraico *māšāl* deriva dal verbo omonimo che significa "parlare metaforicamente, paragonare, offrire un esempio.

[250] R. PENNA, *I ritratti originali di Gesù il Cristo*, vol. I, Ed. San Paolo, Roma 1996, pp. 92-97.

[251] Cf. M. SOPOĆKO, *Tutto è compiuto*, AZSJM, Gorzów Wilekopolski 1942, p. 3.

Alla luce di questo testo, le parabole di Gesù possiedono sempre una dimensione educativa e spirituale. Esse trasmettono a noi, imperfetti ed incompleti, la fiducia, il coraggio e lo stimolo necessario per "guadagnarci" il dono della salvezza già preparato, ricordandoci che sulla terra non esiste nessuno stato di perfezione, ma soltanto l'aspirazione alla santità. Essa sulla terra però, non è niente di stabile, è uno stato dinamico, come disse il Salvatore:"da allora in poi viene annunziato il Regno di Dio e ognuno si sforza per entrarvi" (*Lc* 16,16).

Sopoćko consultandosi con gli altri studi di diversi teologi, per esempio: Piotr Skarga (*La predica sulla misericordia*, 1938), M. Meschler (*La vita di Gesù*, 1939), M. Kowalewski (*Dizionario teologico*, 1959), Woroniecki (*Il mistero della misericordia*, 1960), Edward Dąbrowski (*Il Nuovo Testamento*, 1961)[252], dimostra che Gesù fa della misericordia stessa uno dei principali temi della sua predicazione. Egli insegna innanzitutto "in parabole", perché queste esprimono meglio l'essenza stessa delle cose di Gesù stesso, in più invita tutti ad essere misericordiosi "come è misericordioso il Padre" (*Lc* 6,36): come il padre del figliol prodigo, fedele alla sua paternità, fedele a quell'amore, che da sempre elargiva al proprio figlio. Sono molti i passi dell'insegnamento di Cristo che manifestano l'amore-misericordia sotto un aspetto sempre nuovo, basta avere davanti agli occhi il buon pastore, che va in cerca della pecorella smarrita, oppure la donna che spazza la casa in cerca della dracma perduta. Il teologo polacco nota che è l'evangelista Luca a trattare particolarmente questi temi nell'insegnamento di Cristo. Il suo Vangelo merita di essere chiamato addirittura il "Vangelo della misericordia"[253].

Possiamo dire che Gesù ha spiegato nel modo migliore il messaggio della misericordia del Padre nelle sue parabole. Ciò vale in primo luogo per la parabola del buon samaritano (*Lc* 10,25-37) e del figliol prodigo (*Lc* 15,11-32). Le due parabole si sono impresse nella memoria dell'umanità e sono diventate addirittura proverbiali. Significativo nella prima parabola è il fatto che Gesù presenta come esempio di

---

[252] M. SOPOĆKO, *Jezus Król Miłosierdzia*, p. 231

[253] Cf. *ibid.*, p. 106.

misericordia proprio un samaritano. I samaritani, infatti, non erano considerati ebrei ortodossi dagli ebrei di quel tempo, ma erano da essi disprezzati come dei semipagani[254]. Per il samaritano, il prossimo sofferente è *kairós* di misericordia, luogo di chiamata, appello alla conversione[255]. Gesù racconta la parabola come risposta all'interrogativo: chi è dunque il mio prossimo? La sua risposta è chiara. Non è una qualche persona lontana, ma piuttosto colui per il quale tu diventi prossimo, colui che incontri concretamente e che in quella situazione ha bisogno del tuo aiuto.

Consideriamo che Gesù non predica un amore dei lontani, ma un amore dei vicini e che avere misericordia è sentire la miseria altrui come se fosse la propria; non basta perciò rattristarsene, ma è necessario sollevare il misero dalla sua miseria[256]. Per poter esercitare efficacemente la misericordia, è necessario andare oltre le prime impressioni, fare un notevole sforzo per arrivare ad avvertire come nostro il male dell'altro e aiutarlo nella misura necessaria. Possiamo affermare che la vera misericordia si costituisce in noi al di là dei "buoni sentimenti", e si sviluppa solo nel profondo della nostra volontà, a livello della carità e della giustizia.

Nella teologia della misericordia di Sopoćko, infine scopriamo che le parabole servono a illustrare il comportamento di Gesù e a interpretarlo come espressione del comportamento del Padre celeste. Gesù intende dire: come mi comporto io, così si comporta anche Dio. Chi vede me, vede il padre (cf. *Gv* 14,7.9). In Lui è apparsa la bontà infinita di Dio, nostro Redentore, in Lui abbiamo un sommo sacerdote, capace di comprendere le nostre debolezze, che fu tentato come noi, ma che non ha peccato (*Eb* 4,15). Gesù afferma di non poter fare diversamente, se non di mettersi completamente a disposizione, perché Dio, di cui è la manifestazione visibile nel mondo, ha il cuore misericordioso spalancato per la povera gente, simbolo tangibile dell'umanità peccatrice. Nella convinzione del teologo, le parabole sono uno strumento perfetto dell'insegnamento sulle verità necessarie per l'esistenza umana,

---

[254] W. KASPER, *Misericordia - Concetto fondamentale del vangelo - Chiave della vita cristiana*, p. 106.
[255] Cf. J. GUILLET, *Misericordia e sofferenza*, «Communio» 10(1981), n. 60, pp. 24-33.
[256] «Misericors dicitur aliquis quasi habens miserum cor. (...) ex hoc sequitur quod operetur ad depellandam miseriam alterius, sicut miseriam propriam» (S.Th.1, q.21, a.3).

conoscibili anche al di fuori di una logica razionale. Pertanto Egli non giudica, ma accoglie[257].

5.4 LA CENTRALITÁ DELLA MISERICORDIA NELL'EVENTO PAQUALE

Nell'evento pasquale, Sopoćko coglie la centralità del mistero totale dell'incarnazione del Figlio di Dio, che esprime pienamente lo stile di tutta la vita del Cristo, quale storia di libertà, vissuta nella contemporanea fedeltà al Padre e agli uomini.[258] La Pasqua diventa per lui l'icona tipica della pro-esistenza, cioè del mistero della solidarietà divino-umana portata all'estremo. Il Logos di Dio muore e diventa soggetto grammaticale del Verbo di Dio, nella misura in cui questo è realmente il Logos di Dio. Egli che è la vita eterna, muore della morte di maledizione. Volendo dimostrarlo il Nostro scrive:

> «Se il Signore Gesù fosse solamente un uomo, sceglierebbe la morte silenziosa oppure eroica. Cristo invece sceglie la morte scandalosa - la morte da crocifissione, propria degli schiavi. Questo tipo di morte confonde le nostre idee e l'immaginazione è fastidiosa, suscita superbia, ma nello stesso tempo guarisce la nostra natura»[259].

Esattamente, la morte scandalosa e l'ammutolimento del Logos, difficili da comprendere, sono diventati nella loro autoaffermazione centrale, come la sua rivelazione ultima e la sua parola estrema. Egli nell'umiltà del suo abbassamento è ubbidiente fino alla croce, identico con il *Kyrios* esaltato. La continuità è data dall'amore assoluto di Dio per l'uomo, efficacemente rappresentato in entrambi gli

---

[257] M. SOPOĆKO, *Miłosierdzie Boga w dziełach Jego*, vol. I, pp. 255-259; *Jezus Król Miłosierdzia*, p. 106.
[258] M. SOPOĆKO, *Miłosierdzie Boga w dziełach* Jego, vol. II, pp. 46-49; *Poznajmy Boga w Jego Miłosierdziu*, pp. 110-111.
[259] M. SOPOĆKO, *Miłosierdzie Boga w dziełach Jego*, vol. II, cit., p. 219.

aspetti, e il fondamento della possibilità della misericordia per l'uomo è dato dall'amore trinitario in se stesso[260].

Consideriamo che Gesù ha il suo punto focale nella storia della passione e morte sulla croce, che sicuramente va letta nella potenza dello Spirito. Un tale mistero di morte e risurrezione, però, mentre da una parte manifesta la misericordia di Dio Padre e dello Spirito, come forza espansiva di amore che si effonde, dall'altra fa risaltare la totale "condivisione e solidarietà" di Gesù Cristo con gli uomini.

L'accettazione del limite umano si trova nell'evento della Pasqua, motivo di assunzione e trascendimento. L'amore reciproco ed effusione della Trinità è la radice di una rinnovata concezione relazionale nella quale gli esseri umani si pongono. Il momento culminante di tutta la storia della passione e anche di tutta la narrazione evangelica, secondo il Nostro è quello della morte di Gesù sulla croce[261].

L'innalzamento di Gesù sulla croce è il momento, indubbiamente, della sua massima glorificazione. Egli con la sua morte trasmette lo Spirito al mondo (cf. *Gv* 12,16). La gloria che Cristo ottiene dal Padre è la manifestazione agli uomini della sua comunione con il Padre. I credenti che percepiscono tale mistero sono essi stessi associati e diventano, a loro volta, manifestazione della gloria di Cristo. Ciò si opera concretamente con l'unità che essi realizzano amandosi gli uni gli altri (cf. *Gv* 17,22). I dati della cena, del Getsemani, del processo, ne fanno emergere il valore come momento centrale per la riflessione di Sopoćko, ed insieme definitivo della storia della salvezza. Gli eventi del Venerdì santo introducono un cambiamento fondamentale in tutto il corso della rivelazione della misericordia, nella missione messianica di Cristo. Colui che "passò beneficando e risanando", (cf. *Ac* 10,38) "curando ogni malattia e infermità" (*Mt* 9,35), sembra ora egli stesso meritare la più grande misericordia e richiamarsi alla misericordia, quando viene arrestato, oltraggiato, condannato, flagellato, coronato di spine, quando viene inchiodato alla

[260] J. FEINER, M. LÖHRER, *L'evento Cristo*,vol. VI, Queriniana, Brescia 1971, pp. 232-233: vedi M. BORDONI, *Cristologia*, in G. BARBAGLIO, S. DIANICH (edd.), *Nuovo dizionario di teologia*, Ed. Paoline, Cinisello Balsamo 1991, pp. 234-271.
[261] M. SOPOĆKO, *Jezus Król Miłosierdzia*, p. 167.

croce e spira fra tormenti strazianti (*Mc* 15,37; *Gv* 19,30)[262]. È allora che merita particolarmente la misericordia degli uomini che ha beneficato, e non la riceve. Perfino coloro che gli sono più vicini, non sanno proteggerlo e strapparlo dalle mani degli oppressori. In questa tappa finale della missione messianica, il teologo dimostra che si adempiono in Cristo le parole dei profeti e soprattutto di Isaia, pronunciate riguardo al Servo di *Jahvè*:[263] "Per le sue piaghe noi siamo stati guariti" (*Is* 53,5).

Sopoćko, nel procedere, quando esamina l'agonia di Cristo, trova qualcosa di straordinariamente libero, forte e regale. Dice che Egli volle morire di morte umana agli occhi di tutto il mondo, consapevole nella fortezza, della sua libera volontà nell'ora della morte e non in un'ora qualsiasi. Precisando scrive:

> «Una delle ultime frasi di Gesù sulla croce fu: *Tutto è compiuto* (*Gv* 19,30). Con queste parole il Salvatore espresse il compimento di tutte le profezie, le prefigurazioni e le tipologie veterotestamentarie riguardanti la persona del Messia, in altri termini, il compimento della propria missione, cioè il compimento della Volontà del Padre nei minimi particolari. Cristo Signore è il modello di tutti i cristiani»[264].

Perciò la croce per il Nostro diventa il trono del Re misericordioso, l'altare e l'ambone del Sommo Sacerdote, il tribunale e la sedia del Giudice supremo. Tanto è vero che la parte verticale della croce penetra la terra e il cielo, in linea orizzontale abbraccia il mondo che esprime l'innalzamento degli uomini e l'onnipotenza della misericordia di Dio nella Redenzione universale[265].

Dobbiamo prendere in considerazione una particolare osservazione del teologo, il fatto che la definizione della condanna, persino ai passanti sotto la croce è scritta addirittura in tre lingue (cf. *Gv* 19,20), non è il Messia, ma che egli sarebbe stato "il re dei giudei". Questa definizione, che formula il motivo della condanna romana, oltre che giudaica, non ha avuto nessuna risonanza, nessuna conseguenza nella coscienza di fede della chiesa o delle chiese primitive. Infatti, nessun testo cristiano la

---

[262] M. SOPOĆKO, *Miłosierdzie Boga w dziełach Jego*, vol. II, pp. 100-119.
[263] M. SOPOĆKO, *Lauda Sion Salvatorem*, WAW, Warszawa 1931, pp. 105-107.
[264] Cf. M. SOPOĆKO, *Tutto è compiuto*, AZSJM, Gorzów Wilekopolski 1942, p. 3.
[265] M. SOPOĆKO, *Miłosierdzie Boga w dziełach Jego*, vol. II, pp. 219-220.

recupera. Essa, secondo l'affermazione interessante di Sopoćko, non esprime la fede cristiana; esprime solo il motivo giuridico della condanna, ma non c'è mai in nessuna confessione di fede[266]. Si arriva poi alla confessione fondamentale della fede, che è pasquale, non del Gesù terreno, la confessione di Lui come *Kyrios*. Essa è la vera prima confessione della fede cristiana, non quella di Gesù come "Dio". Appunto, è cosa rarissima trovare nel Nuovo Testamento la definizione di Gesù come Dio[267]. Semmai possiamo dire che il titolo di Signore equivale più o meno a dire Dio stesso, visto che nell'Antico Testamento greco la qualifica di "Signore" serve per rendere il nome ebraico del Dio d'Israele (*Jhwh*).

Un'altra considerazione importante riguarda il dolore di Cristo, a cui, pur soffrendo realmente e terribilmente, prima nell'orto degli ulivi e dopo sul Calvario, non viene risparmiata - proprio a lui - la tremenda sofferenza della morte in croce[268]. "Dio trattò da peccato in nostro favore colui che non aveva conosciuto il peccato" (*2Cor* 5,21). Cristo "è morto per tutti" (*2Cor* 5,15; *Rm* 8,32): per gli uomini di tutti tempi e di tutti i luoghi, per tutti i popoli, per la creazione intera. La croce di Cristo è "cattolica", è ecumenica, è planetaria, è mondiale. Nella croce s'esprime la paternità universale di Dio e la fratellanza universale di Cristo. Sulla Croce muore il Messia, il cui sangue è versato per tutti (cf. *Mt* 26,28). La croce di Cristo è la più solida fondazione e la più radicale conferma dell'universalità della storia della salvezza[269]. Questo principio staurologico aiuta Sopoćko a formulare il nuovo pensiero, che definirà la sofferenza umana come strumento di salvezza. La Croce in Sopoćko, è anche un'icona rivelatrice della logica divina, è supremo ed estremo rimedio allo stravolgimento umano provocato dalla prometeica colpa originaria. Evidentemente:

---

[266] Cf. *ibid.*, vol. III, pp. 169 - 173.

[267] «ΘΕΟΣ»; solo due volte: in *Gv* 20,28 e *Tito* 2,13, mentre il testo di Rm 9,5; invece quella di Signore (*Kyrios*) è tipica e fondamentale e nelle sole lettere autentiche di san Paolo ammonta a circa 150 volte (*1Cor* 8,6 e Fil 2,11): R. PENNA, *Il DNA del cristianesimo. L'identità cristiana allo stato nascente*, San Paolo, Cinisello Balsamo 2007.

[268] Interessante, però, è che il momento della croce, tutt'altro che porre termine a una scoperta dell'identità di Gesù, è stato il crogiuolo che gli ha conferito un'identità straordinaria mediante la ripresa e l'esaltazione straordinaria della sua umanità, naturalmente in unione all'evento della risurrezione, la quale, però, non ha senso se non la si associa strettamente alla croce; R. PENNA, *Il DNA del cristianesimo. L'identità cristiana allo stato nascente*, San Paolo, Cinisello Balsamo 2007, pp. 56-153.

[269] Cf. M. SOPOĆKO, *Poznajmy Boga w Jego Miłosierdziu*, pp. 179-186.

«La croce innanzitutto diventa strumento della misericordia infinita di Dio, diventa il segno esteriore della grazia di Dio. Tutti i sacramenti si amministrano in coesione al segno della croce»[270].

Da questo pensiero si evince che nella Croce del Figlio, Dio misericordioso è "obbligato" ad andare contro la sua stessa giustizia. Cristo crocifisso rinuncia al ricorso dell'iniqua giustizia umana, ma nella Croce fa capire che, come il chicco di grano deve marcire per portare frutto, così di per sé, la vita dataci va donata. Dio arriva ad accettare la morte violenta del proprio Figlio, ma l'evento resta comunque estremamente inquietante. In un brano più significativo per questo argomento, leggiamo:

«Il disprezzo di Cristo sulla croce tocca l'ultimo grado della gravità, è il Figlio di Dio tra i malfattori. Noi possiamo trovare in questo massimo grado del disprezzo, la sapienza di Dio. Il crocifisso, del quale il mondo si scandalizza, diventa quell'arcobaleno che annuncia all'umanità la fine del diluvio, si trasforma in Isacco nell'olocausto, come Mosè sul monte Sinai con le mani alzate che chiedono al Padre Celeste il perdono, come quel serpente innalzato da Mosè nel deserto al quale tutti rivolgono lo sguardo di fede. Tra tutti i mezzi salvifici solo la croce è strumento essenziale per il Salvatore, il giustissimo mezzo che placa l'ira di Dio e ricompensa la sua giustizia per il male umano. Egli è in croce come sacerdote in piedi, con le braccia aperte e innalzate verso il cielo, ma con lo sguardo sull'offerta del sacrificio perenne»[271].

Da questo emerge che credere nel Figlio crocifisso significa vedere il Padre misericordioso[272], che l'amore è presente nel mondo e che l'amore sapienziale è più

---

[270] M. SOPOĆKO, *Miłosierdzie Boga w dziełach Jego*, vol. II, cit., p. 168.

[271] *Ibid.*, cit., pp. 222, 221.

[272] Alla luce di ciò che è stato detto, credere nel Figlio crocifisso, per Sopoćko, significa "vedere il Padre" (cf. *Gv* 14,9), significa credere che l'amore è presente nel mondo e che questo amore è più potente di ogni genere di male, in cui l'uomo, l'umanità e il mondo sono coinvolti. Questa, difatti, è la dimensione indispensabile dell'amore, è come il suo secondo nome e, al tempo stesso, è il modo specifico della sua rivelazione e attuazione nei confronti della realtà del male che è nel mondo, che tocca e assedia l'uomo, che s'insinua anche nel suo cuore e può farlo "perire nella Geenna" (*Mt* 10,28). La vincita del Risorto sull'inferno, sul peccato e sulla morte è garanzia dell'eterno amore nel Regno della misericordia di Dio alla fine dei tempi: M. SOPOĆKO, *Miłosierdzie Jego na wieki*, p. 257.

potente di ogni genere di male in cui l'umanità e il mondo sono coinvolti. Credere in tale amore significa credere nella misericordia. Nella stoltezza e follia della morte in croce si svela particolarmente l'infinita misericordia di Dio per eliminare il peccato, espiare e recuperare l'offesa fatta a Dio, per salvarci dalla condanna eterna.

Il Salvatore, scegliendo la morte crocifissa, l'ha compiuta nella massima obbedienza al Padre, nel desiderio che gli uomini di ogni tempo possano trovare, nella passione e morte del Figlio di Dio, il massimo esempio delle virtù. Tramite questa morte, ciò che vedremo nei capitoli successivi, il Signore Gesù stabilisce l'inesauribile tesoro dei suoi meriti, che danno vita a tutti i sacramenti sacri e contengono le grazie necessarie per la giustificazione e la vita cristiana[273].

Al termine di questo discorso, secondo una consuetudine del Nostro, leggiamo una breve e profonda riflessione in forma di preghiera:

> «Per me soffre Gesù e per me cade sotto la croce! Dove sarei oggi senza queste sofferenze del Salvatore? Perciò tutto quello che oggi abbiamo e tutto quello che siamo nell'ordine soprannaturale, lo dobbiamo unicamente alla Passione del Signore Gesù. Persino il portare la nostra croce non significa niente senza la grazia. Soltanto la passione del Salvatore fa diventare meritevole il nostro pentimento ed efficace la nostra penitenza. Soltanto la sua misericordia, rivelata nella triplice caduta, è un pegno della mia salvezza»[274].

Esattamente, il mistero pasquale in Sopoćko è il vertice della rivelazione e l'attuazione della misericordia, capace di giustificare l'uomo, di ristabilire la giustizia nel senso di quell'ordine salvifico che Dio dal principio aveva voluto nell'uomo e, mediante l'uomo, nel mondo. La croce di Cristo sul Calvario sorge sulla via di quel meraviglioso scambio, di quel mirabile comunicarsi di Dio all'uomo, in cui è al tempo stesso contenuta la chiamata rivolta all'uomo, che, donando se stesso a Dio e con sé tutto il mondo visibile, partecipa alla vita divina e, come figlio adottivo, diviene partecipe della verità e dell'amore che è in Dio.

---

[273] M. SOPOĆKO, *Dar Miłosierdzia - listy z Czarnego Boru*, pp. 21-23: *Miłosierdzie Boga w dziełach Jego*, vol. II, pp. 212-213; *Jezus Król Miłosierdzia*, pp. 212-215.

[274] M. SOPOĆKO, *Miłosierdzie Boga w dziełach Jego*, vol. II, cit., p. 142.

6. LA SPECIFICITÁ E LO STILE DELLA SISTEMATICITÁ DI SOPOĆKO

Sintetizzando il vasto discorso sistematico del teologo nel campo della misericordia, possiamo dire che esso indubbiamente contribuisce alla "nuova e rinnovata visione del concetto di Dio". Oggi la riflessione teologica sulla misericordia induce a porre diversi interrogativi, e certamente fondamentali, sulla dottrina di Dio[275]. La misericordia, come già detto, costituisce il nucleo e la somma della piena rivelazione biblica su Dio. La riflessione sistematica di Sopoćko, iniziata già dall'anno 1936, unisce considerazioni spirituali, pastorali e sociali. Egli, come già abbiamo cercato di dimostrare precedentemente, è pioniere di una forma nuova della teologia cristiana, che tuttora invita ad approfondire sempre di più la conoscenza di "Dio come Amore e Misericordia", apre lo spazio al confronto delle dispute tra i teologi interessati, stimola alla revisione dello stato della dogmatica attuale e le conferisce chiare linee di indirizzo, finalizzate alla svolta cristocentrica nella teologia e nella vita della Chiesa. Troviamo la specificità della sistematicità del Nostro nello svolgimento del discorso sulla teologia della misericordia, sia di fronte a un interlocutore e alla teologia in contesto, sia nel mettere in luce l'articolazione fra il suo momento dialogico-contestuale e quello biblico-dogmatico[276].

Lo stile del teologo è particolarmente originale, perché si colloca a metà strada tra lo stile oggettivo e astratto della teologia sistematica e lo stile descrittivo, personale ed esperienziale.

---

[275] Teniamo presente che nella tradizione cristiana questo termine è usato in senso lato per descrivere l'intero corpo dell'insegnamento cristiano o, in senso più stretto, per descrivere ciò che i cristiani credono su particolari aspetti della loro fede. La dottrina di Dio, la natura e il destino della creatura umana, il Cristo, la salvezza, lo Spirito Santo, la Chiesa formano un tutto insieme. La dottrina cristiana, però, non è l'oggetto della fede cristiana. I cristiani non credono in questa o quella dottrina, o in un sistema dottrinale, ma nel Dio che si è rivelato nelle Sacre Scritture. Ciononostante, le dottrine ed i sistemi dottrinali sono il risultato del loro tentativo di riflettere razionalmente e in modo coerente sul Dio in cui credono per spiegare e difendere la loro fede e il modo di vivere: A. LAMSON, *La dottrina della chiesa dei primi tre secoli, la vita e il pensiero dei padri ante niceni*, Casa Ed. Azzurra 7, Milano 2013.

[276] In altre parole, lo specifico sta nel rileggere tutta la storia della Salvezza e la sua contestualità, l'insegnamento della Chiesa, "fare la teologia", formulare i concetti secondo la misericordia di Dio, tenendo presente sempre che il discorso di Dio è strettamente legato al discorso della misericordia dove Egli si rivela e si lascia conoscere in modo più "completo".

Sopoćko, durante la sua vita, pur coltivando assiduamente tutti i campi della teologia, si distingue dagli altri teologi soprattutto per la profondità della riflessione sulla misericordia, intesa come concetto fondamentale biblico che lega essenzialmente due tematiche: la cristologia (originale, in questo campo, il suo apporto sull'"incarnazione della Parola preesistente", sulla misericordia di Dio che sgorga dalle piaghe di Cristo", "sul Cuore misericordioso di Cristo", espresso principalmente nell'opera *Conosceremo Dio nella Sua misericordia* del 1949) e l'ecclesiologia (dove è tra i primi ad adottare la dottrina del "corpo mistico", come concetto chiave per definire la natura della Chiesa). Il modo di esprimersi, di definire i diversi argomenti della misericordia, il parlare del Nostro sull'amore di Dio è sintetico, chiaro, affascinante e nello stesso tempo coinvolgente. Si potrebbe dire che egli pesa le parole su una "bilancia" nel "fare la teologia della misericordia" per non perdere ciò che è essenziale nell'avvicinarsi, attraverso l'attributo (proprietà) più grande, al mistero di Dio. Oggetto specifico della sua teologia è la Rivelazione, con la quale Dio Uno e Trino nella sua infinita misericordia parla agli uomini, come ad amici, per invitarli e ammetterli alla comunione con sé, cioè alla conversione. La rivelazione salvifica si compie e si completa in Gesù Cristo (il volto misericordioso - visibile del Padre), trova espressione di valore universale nel Vangelo, proclamato dagli apostoli, e viene testimoniato nei libri ispirati dell'Antico e del Nuovo Testamento. Quindi la Bibbia, che occupa il posto centrale e basilare, fa emergere meglio la misericordia come concetto fondamentale e chiave della vita cristiana.

Ciò che distingue il Nostro dagli altri teologi, è il modo di vedere, di ragionare e di esplorare il mistero di Dio (con "un occhio attento", paziente e fedele alla dottrina cristiana), con un certo atteggiamento di coraggio e di persistenza nelle sue tesi. Per poter trovare la conferma, occorre leggere una "espressione famosa", la quale diventa più significativa per l'originalità del suo pensiero.

«Penetrando le cause prime ed i motivi dell'opera divina, vediamo la misericordia come fonte di ogni azione esteriore (...). In ogni opera di Dio, a seconda del nostro modo di vederla, è possibile vedere le perfezioni divine»[277].

Questo modo di vedere di Sopoćko dimostra precisamente che Dio non è né compassione, né virtù, ma è amore e misericordia. Egli, come Spirito purissimo, non è sottoposto alla compassione. La tristezza fa parte della "virtù della misericordia", ma in questo caso, essa non si trova in Dio, perché Egli in se stesso è sempre felice, autosufficiente e non dipende da nessuno. La misericordia è l'essenza e la perfezione di Dio, cioè l'attributo più grande, con il quale Egli si abbassa verso la miseria della sua creatura. "La misericordia di Dio consiste nel rivolgersi del creatore alle creature, allo scopo di farle uscire dalle miserie e cancellare le loro mancanze (*Kenosi*)"[278]. Dio compie l'atto creativo volontariamente senza nessun dovere, esclusivamente nella sua misericordia. Per questo motivo Dio crea il mondo, evidenziando meglio l'atto della creazione e suscitando nell'uomo il desiderio naturale di amore di Dio, che non solo ha creato il mondo, ma lo sorregge nell'esistenza, conducendolo alla destinazione giusta[279]. Perciò il Nostro scrive:

«Dio dimostra la sua misericordia già nell'atto della creazione dell'uomo, e quando egli commette il peccato, dimostra ancora più grande misericordia salvandolo per il sangue del suo Figlio»[280].

---

[277] M. SOPOĆKO, *Miłosierdzie Boga w dziełach Jego*, vol. I , cit., p. 5.

[278] M. SOPOĆKO, *Gesù confido in Te*, cit., p. 6.

[279] M. SOPOĆKO, *Miłosierdzie Boga w dziełach Jego*, vol. I, p. 22.

[280] Cf. M. SOPOĆKO, *Miłosierdzie Boże nadzieją ludzkości*, Wrocław 1948, pp. 8-9; *Misericordia Divina unica speranza per il genere umano*, Cordoba 1951, p. 9; *Miłosierdzie Boże jedyna nadzieja ludzkości*, Londra 1949, pp. 10-11; Il Papa Benedetto XVI nella cattechesi *del mercoledì*, su questo tema, iniziando un percorso biblico dal capitolo 18 del *Libro della Genesi* dove si narra che la malvagità degli abitanti di Sodoma e Gomorra era giunta al culmine, evidenzia l'importanza della scoperta della misericordia di Dio. "Con la sua supplica, Abramo sta prestando la propria voce, ma anche il proprio cuore, alla volontà divina: il desiderio di Dio è misericordia, amore e volontà di salvezza, e questo desiderio di Dio ha trovato in Abramo e nella sua preghiera la possibilità di manifestarsi in modo concreto all'interno della storia degli uomini, per essere presente dove c'è bisogno di grazia. Con la voce della sua preghiera, Abramo sta dando voce al desiderio di Dio, che non è quello di distruggere, ma di salvare Sodoma, di dare vita al peccatore convertito. È questo che il Signore vuole, e il suo dialogo con Abramo è una prolungata e inequivocabile manifestazione del suo amore misericordioso": BENEDETTO XVI, *Udienza generale - Piazza San Pietro Mercoledì, 18 maggio 2011*, L.E.V., Città del Vaticano 2011.

Troviamo un'altra caratteristica del teologo polacco, nella consuetudine di ordinare tutto in maniera logica e comprensibile. Per esempio, compie una tale operazione con le perfezioni divine, associandole ai due gruppi che si riferiscono alla natura divina, al rapporto e alla relazione tra Dio - il Creatore e gli uomini - le creature. Nel primo gruppo associa le perfezioni assolute; *aseitas* (*l'essere di per Sé*), l'inseparabilità, l'immutabilità, l'eternità, l'onnipotenza; nel secondo gruppo, invece, associa le perfezioni relative che accompagnano Dio *ad extra.* Alla base di ogni opera e alla sorgente di ogni azione divina si trovano: la bontà, la saggezza, la provvidenza, la giustizia e la misericordia. Oggettivamente potrebbe sembrare che le perfezioni di Dio non si distinguano dall'essenza divina; nella teologia del Nostro, invece, tali perfezioni vengono presentate come ben distinte tra loro. Dato che la ragione umana non è capace di definire la pienezza di tali perfezioni, né di conoscerle direttamente, il teologo le distingue in quattro categorie principali: semplicità, infinità, eternità, immutabilità. Ad esse ne subordina altre cinque: saggezza, bontà, provvidenza, giustizia e misericordia[281].

La misericordia di Dio in Sopoćko non è una teoria astratta, lontana dal mondo e dalla prassi, limitata ad evocare sentimenti di compassione o di pietà. Comporta delle conseguenze per la vita di ogni cristiano, per la prassi pastorale della Chiesa e per il contributo che i cristiani devono dare a una strutturazione umanamente degna, giusta e misericordiosa dell'ordine sociale.

[281] M. SOPOĆKO, *Miłosierdzie Boga w dziełach* Jego, vol. I, pp. 13-25.

CONCLUSIONE

L'ideale di Sopoćko era testimoniare e amare il "Dio della Misericordia" con la propria vita, le parole, le azioni e, se fosse stato necessario, anche con il martirio. Perciò la misericordia era diventata l'idea-chiave della vita e del pensiero teologico del Nostro.

Sopoćko, conducendo una vita spirituale molto intensa e vivendo il *sensus ecclesiae*, riuscì a interpretare i "segni dei tempi", anticipando la revisione teologica più attenta sul tema della misericordia. Tanto è vero che nella vita, nel vissuto ecclesiale e nelle opere di Sopoćko, appare evidente tutto "il nuovo modo di pensare" sulla misericordia. Questo "nuovo modo di pensare" fa nascere l'esigenza di riflettere sulle intuizioni del teologo polacco nell'ottica del "domani".

Oggi, la ricchezza e le feconde potenzialità del pensiero di Sopoćko sono state recepite dalla nuova sensibilità ecclesiale. Infatti, il teologo polacco è stato capace di interpretare "il presente" ed indicare dei percorsi per il futuro. Tuttavia, la teologia di Sopoćko rivela anche una profonda preoccupazione. Egli temeva di non poter annunciare all'umanità tutto ciò che sentiva di dover rendere pubblico, attraverso le numerose opere, conferenze e prediche. Pertanto spianare la strada per una futura e migliore conoscenza di verità di "Dio Amore e Misericordia" era per Sopoćko come un compito "primordiale" della vita. Ecco perché, egli si è dedicato ad approfondire questa verità e a scrivere molto sul mistero della misericordia. Diremo che tutta la vita del Nostro è stata un continuo discernere la volontà di Dio con un umile e costante piegare tutti i pensieri, le parole e le azioni al Vangelo della misericordia. Per questo Sopoćko diceva che

> «Cristo Signore è il modello di tutti i cristiani, perché anch'essi devono con insistenza cercar di conoscere la volontà di Dio riguardo alla propria persona e realizzarla quanto meglio possibile, per poter ripetere alla fine della vita le parole del Salvatore: *Tutto è compiuto* (...). Sottometterò la mia alla sua santa volontà in ogni minimo particolare, piegherò i miei pensieri, parole e azioni ai suoi pensieri e alle parole contenute nei santi vangeli, nelle scienze teologiche e nel diritto canonico. Mi impegnerò nell'approfondire l'idea della misericordia affinché, al tramonto della vita, in piena consapevolezza e

serenità, possa ancora una volta ripetere più decisamente: *Tutto è compiuto*, cioè ho compiuto la volontà di Dio misericordioso»[282].

Il beato don Michele Sopoćko, avendo la consapevolezza di doversi impegnare nell'approfondimento della misericordia, ha saputo lasciare "un'impronta teologica" significativa che insiste sull'importanza di «contemplare il mistero della misericordia» (*MV* 2), pensiero accolto soltanto ora dalla Chiesa.

Don Gregorio - prof. sac. Grzegorz Stanislaw Lydek

[282] M. SOPOĆKO, *Wykonało się* [*Tutto è compiuto*], lettera I, AZSJM, Myślibórz 9.04.1942, p. 2 [traduzione nostra dall'originale polacco].

INDICE

Printed by Books on Demand GmbH, Norderstedt / Germany